Simona Wiles

Heisse Massagen

Erotische Geschichten

Blue Panther Books

BLUE PANTHER BOOKS TASCHENBUCH
BAND 2350
1. AUFLAGE: JANUAR 2020

VOLLSTÄNDIGE TASCHENBUCHAUSGABE
ORIGINALAUSGABE

LEKTORAT: JASMIN FERBER

COVER: © MIAMI BEACH FOREVER @ SHUTTERSTOCK.COM
UMSCHLAGGESTALTUNG: MT DESIGN
GESETZT IN DER TRAJAN PRO UND ADOBE GARAMOND PRO

PRINTED IN GERMANY
ISBN 978-3-96641-698-6
WWW.BLUE-PANTHER-BOOKS.DE

INHALT

1. DER MASSEUR 5

2. YONI MASSAGE 25

3. LINGAM MASSAGE 45

4. FREMDE SCHÖNHEIT 65

5. LIBBY'S ANWEISUNGEN 83

6. DER CLUB 103

7. KREUZFAHRT 123

8. EMPIRISCHE DATES 143

9. GESCHÄFTE 163

10. DER FREUND 181

11. GEHEIME VERSCHWÖRUNG. . . IM INTERNET / 200

Der Masseur

Heidi kramte in ihrer Handtasche nach dem Haustürschlüssel. Der Tag im Büro war heute wieder besonders anstrengend gewesen, weshalb sie froh war, endlich zu Hause zu sein. Sie schloss auf, fuhr mit dem Aufzug in den obersten Stock und betrat ihre großzügig geschnittene Wohnung. Der Ausblick über die Dächer der Stadt hatte sie schon immer für die exorbitante Miete belohnt, die sie dafür zahlte. Sie warf ihre Handtasche auf einen Sessel und genehmigte sich einen Schluck Wein. Danach legte sie die Füße hoch.

Ihr Arzt hatte ihr empfohlen, sich regelmäßig eine Massage zu gönnen, sowohl zum Entspannen als auch, um die angespannten Muskeln lockern zu lassen. Ihre Arbeit in der Rechtsanwaltskanzlei machte ihr Spaß, forderte jedoch auch den Tribut, dass jeden Abend ihr Rücken schmerzte. Der Sport, den sie in ihrer Freizeit betrieb, linderte ihr Problem nur mäßig.

Wahrscheinlich hat Dr. Braun recht, dachte sie. Nur, wo sollte ich die zusätzlichen Termine noch unterbringen? Seufzend nippte sie an ihrem Glas. Die meisten Massagesalons hatten geschlossen, wenn sie von der Arbeit kam. Samstags waren sie ebenfalls geschlossen, also würde sie vielleicht doch mit ihrem Chef reden müssen, dass sie vormittags ein oder zwei Mal in der Woche später zur Arbeit kommen würde. Es war ihr nicht recht – zum einen, weil zurzeit wirklich viel zu tun war, zum anderen, weil sie das griesgrämige Gesicht ihres

Vorgesetzten bereits vor sich sehen konnte, wenn er sagte: »Wenn es unbedingt sein muss, Frau Kohler … dann arbeiten Sie die fehlenden Stunden eben nach …«

Dabei hatte sie bereits unzählige Überstunden geleistet, die nie vergütet wurden – doch wie sollte sie ihm das beweisen? Es gab keine Stechuhr in der Kanzlei, alles lief ›auf Vertrauen‹, wie es so schön hieß. Heidi war sich nicht zu schade, mehr zu leisten, wenn Not am Mann beziehungsweise an der Frau war. Aber sollte sie sich ausnutzen lassen?

Sie trat mit dem Glas in der Hand auf die Dachterrasse und genoss den Sonnenuntergang. Gelegentlich rauchte sie, und so steckte sie sich auch jetzt eine Zigarette an und inhalierte tief. Über kurz oder lang würde sie sich eine andere Kanzlei suchen müssen, wenn das so weiterginge. Denn auch das verursachte Stress in ihr und Anspannung. Sie beschloss, ihre Freundinnen zu fragen, ob sie einen Massagesalon kannten, der auch spätabends noch geöffnet hatte.

***

»Eine Massage? Lass mich überlegen.« Tina dachte intensiv nach. Dann schüttelte sie den Kopf. »Nein, tut mir leid.«

Ihr wöchentliches Treffen in der Schuster-Bar war Tradition seit ihrer Studienzeit.

Die gleiche Antwort bekam Heidi von Sandra, Celia und Samira. Erst ihr Telefonat mit Susan lieferte ihr einen Anhaltspunkt.

»Da gibt es einen in der Nähe des Bahnhofs,« erzählte Susan ihr mit einem leisen Kichern. Heidi hob eine Augenbraue und angelte nach ihrem Schuh.

»Warum kicherst du?«

»Och, nur so!« Susan gab ihr Adresse und Telefonnummer des Massagesalons. Sie plauderten noch ein paar Minuten lang, dann legten sie auf.

Heidi rief noch am gleichen Abend dort an. Eine junge Frau flötete in den Hörer: »Leelawa-Massage-Salon, guten Abend, was darf ich für Sie tun?«

»Ich hätte gerne einen Termin bei Ihnen, wenn möglich, bitte abends …«

Blätterrascheln.

»Es tut mir leid, in den nächsten drei Wochen ist abends kein Termin mehr frei, ich kann Ihnen aber vormittags einen anbieten.«

Heidi überlegte.

»Und nach den drei Wochen würde es abends gehen?«

Wieder Blätterrascheln.

»Ja, da ginge es ab 19 Uhr.«

Sie einigten sich darauf, dass die Abendtermine auf jeden Fall gebucht würden. Heidi pfiff auf ihren Vorgesetzten und machte außerdem noch drei Termine für den Vormittag aus. Eigentlich müsste ihre Firma davon profitieren, wenn sie völlig entspannt zur Arbeit käme, oder?

Sie legte auf und ging früh zu Bett. Der erste Termin würde in zwei Tagen sein. Die junge Frau hatte ihr erklärt, dass sie ein großes Badetuch und Duschzeug benötige, um das Öl wieder abzuwaschen. Ihre ärztliche Verordnung möge sie bitte mitbringen.

***

Heidi erklärte ihrem Chef, dass sie in den folgenden drei Wochen zur Massage müsse, und wie erwartet hatte er gebrummt: »Das arbeiten Sie nach.« Sie wies ihn darauf hin, dass sie Überstunden habe und in diesem Sinne vorgearbeitet. Ihr Vorgesetzter hatte sie mit hochgezogenen Augenbrauen gefragt, ob sie das beweisen könne?

Das Gespräch verlief nicht ganz so, wie sie es sich erhofft hatte. Dennoch schaffte sie es, ihm ihre Arbeitszeiten plausibel zu machen anhand von Fällen, für die sie länger geblieben war, um das Protokoll zu tippen. Immerhin glaubte er ihr und knurrte zum Schluss: »Schön. Wehe, Sie kommen nicht entspannt zur Arbeit.«

Zu Befehl, dachte Heidi. Natürlich wusste sie, dass sich durch die zwei Stunden, die sie später kommen würde, die Akten stapeln würden, doch sie war sich sicher, dass sie es aufholen konnte. Und die Aussicht auf die abendlichen Termine tröstete sie.

***

Zwei Tage später schnappte sie sich ihre bereits gepackte Tasche mit Handtuch und Duschsachen, verließ das Haus und suchte die Adresse des Leelawa-Massage-Salons auf. Sie fand ihn hinter dem Bahnhof in einer versteckten Straße, die überraschenderweise Parkplätze frei hatte. Sie betrat den Salon durch eine Glastür, die mit Holzperlen an langen Schnüren geschmückt war und stellte sich der jungen Frau hinter dem modernen Tresen vor.

»Guten Morgen, Frau Kohler! Bitte nehmen Sie doch noch einen Moment Platz.« Die Frau nahm das Rezept des Arztes entgegen, während Heidi sich zu den Stühlen wandte. Dort saß noch ein älterer Herr, der in einer Zeitung blätterte, ansonsten hatte sie freie Auswahl. Sie nahm eine Frauenzeitschrift und setzte sich.

Der Raum war in geschmackvollen warmen Tönen gestrichen – Terrakotta, Grün und Rot, unterbrochen von weißen Flächen und mit Farnen dekoriert. Von draußen kam zwar wenig Tageslicht herein, dafür waren die Lampen geschickt in den Decken versenkt und machten das Wartezimmer gemütlich. Heidi fragte sich, wie die Behandlungsräume aussehen mochten, wenn bereits das Vorzimmer so liebevoll gestaltet war. Sie vertiefte sich in ihre Lektüre, bis sie aufgerufen wurde.

Ein junger weißbekleideter Mann in T-Shirt und Jeans empfing sie mit einem strahlenden Lächeln.

»Frau Kohler? Ich bin Toni. Ich bin für Unkompliziertheit – haben Sie etwas dagegen, wenn wir uns duzen?«

Allein, dass dieser Mann so umwerfend attraktiv war, warf Heidi leicht aus der Bahn. Siedend heiß wurde ihr bewusst, dass das ihr Masseur sein musste; innerlich hatte sie sich auf eine Frau eingestellt oder ein Neutrum, eine Person, die sie zwar anfassen würde, aber eben kein Geschlecht hatte. Jetzt stand dieser gut aussehende Typ vor ihr und bot ihr gleich das Du an. Sie schaffte es zu nicken, brachte jedoch kein Wort heraus und starrte den Masseur an. Offensichtlich war er es gewöhnt, dass Frauen so auf ihn reagierten, jedenfalls wies er ihr freundlich den Weg: »Schön! Dann komm doch mit, ich zeige dir alles.«

Wie in Trance folgte sie ihm. Er führte sie durch einen Gang, von dem rechts und links Türen zu den Behandlungsräumen abzweigten. Heidi konnte einen Blick auf zweckmäßig eingerichtete Zimmer erhaschen, die dennoch gemütlich wirkten, weil sie wie das Vorzimmer in schönen Farben gestrichen waren. Toni brachte sie in den Raum am Ende des Flures, der groß und hell war und eine angrenzende Dusche besaß, in der sie ihre Sachen ablegen und sich entkleiden sollte.

Verdammt, dachte Heidi. Sie lauschte der sanften Musik, die aus versteckten Lautsprechern rieselte. Sie wusste zwar, dass ihre Figur klasse war, trotzdem fand sie wie jede Frau diverse angebliche Makel an ihrem Körper, wegen dem sie unzufrieden war. Resigniert zog sie sich aus und hüllte sich in das riesige Badetuch. Ein weiteres Handtuch war in ihrer Tasche.

***

Toni empfing sie mit einem charmanten Lächeln und lud sie auf die bereitstehende Liege ein.

»Setz dich doch erst mal und erzähl mir, wo genau du Schmerzen hast.« Heidi beruhigte sich. Einen nüchternen

Bericht konnte sie liefern, das täuschte über dieses komische Flattern in ihrem Innersten hinweg. Sie erzählte von ihren Rückenschmerzen und den verspannten Schultern. Toni wollte wissen, was sie beruflich mache und lächelte mit erhobenen Augenbrauen: »Oho, da muss ich ja aufpassen!«

Heidi stieg darauf ein: »Warum, hast du was ausgefressen?«, lächelte sie zurück.

»Nein, bis jetzt nicht,« schmunzelte Toni, während er ihr mit einem Wink zu verstehen gab, dass sie sich auf den Bauch legen solle. »Das Badetuch nutzt du bitte als Unterlage.«

Ups. Heidi sah ihn nicht an, als sie das Tuch abstreifte, auf die Liege legte und schnell darauf kletterte. Toni erklärte ihr, dass er sie zunächst mit warmem Öl von den Schultern bis zu ihrem Gesäß einreiben würde, um dann die Muskeln zu bearbeiten. Sie spürte etwas Flüssiges auf ihre Haut träufeln, dann sanfte und dennoch kräftige Hände, die das Öl verteilten und einmassierten. Es fühlte sich angenehm an. Toni nahm ihr die Befangenheit, indem er sie über ihren Beruf befragte, und während er begann, ihre Schultern zu massieren, erklärte Heidi ihm, wie verschiedene Verfahren gehandhabt würden. Sie entspannte sich durch die Plauderei und fühlte sich wohlig wie eine Katze, weil Toni ihre Muskeln einzeln zu bearbeiten schien. Ab und zu schnappte sie nach Luft, wenn es schmerzhaft wurde, doch dieser Mann wusste, was er tat und arbeitete sich zügig ihren Rücken entlang.

Heidi war so entspannt, dass ihr die Hände des Mannes auf ihrem Rücken intensiv bewusst wurden. Sie streichelten sanft über ihre Haut, bewegten sich rhythmisch auf ihren verspannten Muskeln, kneteten sie kräftig und strichen sie dann wieder aus, bevor sie zur nächsten Region übergingen. Diese Hände wirkten erfahren, wussten, wo sie anfassen mussten und was sie bewirkten. Und im Augenblick spürte Heidi ein gewisses

Kribbeln zwischen ihren nackten Schenkeln, das durch diese Hände auf ihrem Rücken ausgelöst wurde. Sie gab sich Mühe, nicht schwerer zu atmen in dieser Stille, denn Toni widmete sich gerade hingebungsvoll ihrer Wirbelsäule, die er mit einem Finger entlang strich. Heidi war hin- und hergerissen. Sie wusste nicht, ob diese Geste von ihm etwas bedeutete, da sie in ihr ein unruhiges Sehnen auslöste. Und wie auch sollte sie darauf reagieren, falls es eine Bedeutung hatte? Dieser attraktive Mann konnte vermutlich jede Frau haben.

Falls es nichts bedeutete, machte sie sich nur lächerlich mit irgendeiner Reaktion. Also beließ sie es dabei, sein Verlangen auslösenden Berührungen stumm zu ertragen und mit mittlerweile roten Wangen auf dem Bauch zu liegen, in der Hoffnung, dass die Stunde bald vorbei wäre.

»Gut, Heidi, wir sind fertig. Ich habe deine Wirbelsäule geprüft, sie ist wirklich gerade, daran kann es also nicht liegen, dass du Schmerzen hast. Vermutlich ist es wirklich dein Job und die Haltung am Tisch. Aber das kriegen wir schon hin.« Toni half ihr, das Badetuch wieder um ihren Körper zu schlingen und wandte sich dann ab, um die Flaschen wieder aufzuräumen.

Heidi schlüpfte erleichtert in die Dusche, wo sie das Öl von der Haut wusch. Sie fühlte sich seltsam müde und wohlig, am liebsten würde sie nach Hause gehen und ein erfrischendes Nickerchen machen, doch das kam nicht in Frage – sie musste in die Kanzlei. Im Spiegel betrachtete sie ihre rosig angehauchten Wangen. Dieser Typ heizte wirklich ihre Gedanken an, wie sollte sie sich auf die Arbeit konzentrieren?

***

In der Kanzlei begrüßte eine Kollegin sie und fragte, warum ihr Gesicht so rot sei? Heidi versuchte, es auf die entspannende Massage zu schieben, doch eigentlich wusste sie es selbst nicht. Während sie versuchte, sich auf die Schriftstücke zu konzentrieren, spürte sie noch immer die energischen Hände des Masseurs, die sie am liebsten noch ganz woanders fühlen würde. Sie stellte sich vor, wie er ihre Brüste kneten würde und sie an ihrer intimsten Stelle massieren, bis sie käme …

»Frau Kohler, was ist los mit Ihnen?«

Heidi schreckte zusammen. Ihr Vorgesetzter stand vorwurfsvoll vor ihr.

»Ich habe Sie jetzt zweimal gerufen. Wo sind Ihre Gedanken? Ich brauche die Akte Neudorf, und zwar sofort!«

Heidi spürte die Feuchtigkeit zwischen ihren Schenkeln, die sie jetzt ignorieren musste. Sie nickte, suchte aus dem Aktenschrank den betreffenden Ordner und brachte ihn in das Chefbüro. Bei ihrer Rückkehr grinste ihre Kollegin sie süffisant an.

»Warst du noch bei der Massage oder was? Deine Augen waren ganz glasig.«

Heidi entschied, dass das keine Antwort wert sei und widmete sich jetzt gewissenhaft ihren Schriftstücken, bis es Zeit war, nach Hause zu gehen. Erst dort erlaubte sie sich wieder, an diesen Toni zu denken. Er machte sie völlig wirr, das stand fest.

***

Der nächste Termin im Salon stand erst in fünf Tagen an. Heidi hatte enorme Probleme, an etwas anderes, als an Toni und seine Hände zu denken. Nachts schlief sie unruhig, tagsüber war sie gedanklich abwesend. Sie hatte keinen Plan, was sie überhaupt machen sollte, wenn sie ihrem Masseur wieder gegenüberstand. Wahrscheinlich nichts, weil sie viel zu schüchtern war.

Abends, wenn sie zu Bett ging, wurde ihr Verlangen nach Toni so unerträglich, dass sie sich selbst zu streicheln begann. Zunächst zart über ihre Haut, vom Hals über ihre Brüste bis über ihren Bauch, dann knetete sie ihren Busen, spürte ihre

Nippel hart werden und wie sich das Blut in ihren Schamlippen sammelte, sodass sie anschwollen. Sie neckte ihren Kitzler, rieb ihn, verteilte ihre Nässe darauf und konnte nicht aufhören, sich zu reiben. Sie keuchte, als sie sich vorstellte, dass es seine Finger wären, die jetzt in sie eindrangen, seine Hände, die sie kneteten und sein Daumen, der rhythmisch auf ihren Kitzler traf, während sie ihre Finger in sich stieß. Sie verdrehte die Augen und bäumte sich auf, wenn sie kam, mit dem Mund weit offen. Danach erst konnte sie schlafen.

***

Vor dem Leelawa blieb sie kurz stehen, um sich zu sammeln. Es war wieder früher Vormittag, und gleich würde sie Toni gegenüberstehen. Heidi atmete tief durch, dann öffnete sie die Glastür, registrierte das leise Klicken der Holzperlen und trat ein. Die junge Frau begrüßte sie mit einem herzlichen Lächeln, bedeutete ihr Platz zu nehmen und beantwortete geduldig die Fragen eines Anrufers. Heidi musste nicht lange warten; Toni trat hinter dem Tresen aus dem Gang und winkte ihr fröhlich zu.

»Heidi! Du bist pünktlich, wie schön. Komm doch mit.«

Sie folgte ihm in das gleiche Zimmer wie beim letzten Mal, stellte ihre Sachen in der Dusche ab und entkleidete sich. Toni hatte sie charmant angestrahlt – dieses Lächeln verfolgte sie. Sorgfältig strich sie ihre Haare glatt, überprüfte noch einmal den Sitz des Badetuches und kehrte zu Toni zurück. Sie lehnte sich an die Behandlungsliege, als er sie fragte, wie es ihr ginge.

»Soweit gut. Nach der letzten Massage hatte ich das Gefühl, sie würde noch zwei Tage nachwirken.«

Er freute sich sichtlich. »Das ist wunderbar. Es zeigt, dass es wirkt, was ich hier mit dir anstelle.«

Oh ja, dachte Heidi. In mehr als einer Hinsicht. Wenn sie an den letzten Abend dachte, wie sie sich gewichst und gleichzeitig an ihn gedacht hatte, wurde sie glatt wieder rot. Schnell wandte sie sich um, streifte das Badetuch von ihrem Körper, legte es auf die Liege und sich selbst auf den Bauch.

Toni hatte bereits die Ölflaschen bereitgestellt. Während er begann, ihre Schultern einzureiben und das warme Öl auf ihrem Körper zu verteilen, plauderte er über unverfängliche Themen. Heidi hörte ihm jedoch kaum zu; sie spürte seine Hände auf ihrer Haut und war wie elektrisiert von seiner Berührung. Jeder einzelne Griff, jedes Streicheln rief in ihr ein vibrierendes Verlangen hervor, dass sie schwer zu Atmen begann. Wie sollte sie das nur aushalten?

Toni beobachtete seine Kunden stets genau. Er hatte schon viele schöne Frauen massiert, doch diese hier hatte etwas an sich, was ihn faszinierte. Während er über das Wetter redete, entgingen ihm selten die Reaktionen der Menschen, die er behandelte. So registrierte er sofort die schwerer werdenden Atemzüge von Heidi, die ihr Gesicht in ihren Armen versteckte. Langsam arbeitete er sich ihren Rücken entlang. Natürlich hätte sie ihren Slip anbehalten können, doch er mochte es, wenn er keine Rücksicht auf irgendwelche Stoffe nehmen musste, die ansonsten leicht ölgetränkt werden konnten. Außerdem kam es ihm entgegen, um zu testen, ob seine Vermutung richtig war. Als er bei Heidis Steißbein angekommen war, hörte er dort nicht auf, sondern ließ seine Hände sanft über den Poansatz hinaus wandern, zog sie jedoch in einer entgegen gesetzten Bewegung wieder zurück und beobachtete, wie Heidi erschauerte. Er hob schmunzelnd eine Braue, bevor er seine Hände noch einmal fast ganz über ihren apfelförmigen knackigen Arsch streichen ließ. Alles im Rahmen der Massage, dachte er grinsend, als Heidi leise nach Luft japste. Hatte er es sich doch gedacht – sie war scharf auf ihn. Er ließ seine Finger ihre Wirbelsäule hinauf gleiten, freute sich über ihre Gänsehaut und plauderte weiter unverfänglich über das neueste Fernsehprogramm. Bevor er ihr sagte, dass sie für heute fertig seien, strich er wie zufällig über ihren Nacken – was in Heidi ein Stöhnen auslöste, das sie krampfhaft unterdrückte.

»Gut, Heidi, ich sehe, deine Muskeln werden weicher. Noch ein paar Sitzungen, und du bist wieder geschmeidig. Wir sehen uns nächste Woche, ja?«

Mit hochrotem Gesicht erhob Heidi sich, nickte und raffte das Badetuch vor sich. Sie tapste in die Dusche, sie brauchte dringend eine Abkühlung. Was machte dieser Typ mit ihr?

Während sie das Wasser über ihre Haut prasseln ließ, überlegte sie, ob er irgendwas gemerkt hatte. Sie hatte sich so sehr beherrscht, nicht laut zu stöhnen! Sie war nass zwischen ihren Schenkeln geworden vor Lust. Langsam trocknete sie sich ab und zog sich an. Sie wusste nicht, wie sie den nächsten Termin überstehen sollte, ohne zu schreien.

***

Die folgenden Tage waren mit Arbeiten, nächtlicher Aktivität in Form von Selbstbefriedigung und Tagträumen angefüllt. Als die freundliche junge Frau von Leelawa anrief, um bedauernd den nächsten Termin am Vormittag abzusagen, war Heidi zwischen Erleichterung und Verzweiflung hin- und hergerissen.

»Aber der nächste Termin findet doch statt?«, fragte sie ängstlich nach.

Blätterrascheln.

»Der wäre am Freitagabend um 19 Uhr, richtig?«, fragte die Frau zurück.

»Ja.«

»Ja, der findet statt. Vielen Dank für Ihr Verständnis. Dieser ausgefallene Termin wird natürlich nachgeholt.«

Heidi war beruhigt. Hauptsache, sie hatte weitere Termine. Und das Beste daran war, dass sie danach gleich nach Hause konnte und sich auf nichts mehr konzentrieren musste. Aber wie sie die Zeit bis zu dem Abendtermin überbrücken sollte, war ihr ein Rätsel. Dieser Toni elektrisierte sie, wühlte ihr Innerstes auf, entfachte in ihr ein Verlangen, das sie noch nie zuvor gekannt hatte. Und das nur durch seine Hände. Na gut, auch durch seine attraktive Figur, das kantige Gesicht, das Lächeln, die blitzenden Augen, den dunklen Haarschopf… ein Sahneschnittchen einfach. Ob eine andere Frau von diesem Schnittchen naschte, wusste Heidi nicht. Und stellte fest, dass es ihr egal war. Sie fühlte sich besessen von diesem Mann.

***

Bis Freitag war Heidi zu fast nichts mehr zu gebrauchen. Ihr Kopf schwirrte vor Gedanken an den attraktiven Toni, ihr Körper war aufgewühlt und vibrierte vor Erregung. An Schlaf war fast nicht zu denken, sie fand Entspannung nur, wenn sie sich unter Stöhnen und Keuchen selbst befriedigte und ihre geschwollene Klit streichelte, bis sie platzte. Erst dann war sie erschöpft genug, um wegzudämmern. Sie hatte das Gefühl, dass der nächste Termin so etwas wie eine Entscheidung herbeiführen würde. Dabei wusste sie nicht einmal, warum – schließlich hatte Toni sie in keiner Weise ermutigt.

Am Freitagnachmittag schaltete sie ihren Computer früher als sonst aus. Sie hielt es nicht mehr aus, sich mit Lappalien wie Rechtsfällen und Protokollen zu beschäftigen. Ihre Kollegin beobachtete ihren Aufbruch mit erhobenen Augenbrauen.

»Wo gehts denn hin?«, wollte sie wissen.

»Ich hab einen Termin,« beschied Heidi knapp, nahm ihre Handtasche und ging. Sie wollte wenigstens vor dem Termin nochmals duschen, um sich wohlzufühlen.

Zu Hause seifte sie sich ausgiebig ein, wusch ihre Haare und versuchte, nicht daran zu denken, dass sie in kurzer Zeit wieder dem attraktivsten Mann der Welt gegenüber stehen würde. Sie versuchte stattdessen, diesen und alle weiteren Termine als professionellen Kundenservice anzusehen, der von der Krankenkasse bezahlt wurde. Diese Sichtweise half ihr wenigstens so lange, bis sie eine geeignete Kleidung aus ihrem Schrank rausgesucht und sich angezogen hatte. Dann machte sie sich auf den Weg zum Massagesalon.

***

Der Abend brach herein; die letzten Spatzen flogen aufgeregt umher und suchten ihre Nester auf. Passanten machten sich auf den Nachhauseweg, Ladenbesitzer holten ihre Schilder rein, um zu schließen. Heidi ging möglichst langsam die Straße entlang, sie war viel zu früh dran und wollte ihre Ungeduld durch ihr vorzeitiges Erscheinen nicht verraten. Also schaute sie sich die einzelnen Schaufenster an, bis es Zeit war, den Salon zu betreten. Drinnen begrüßte sie die freundliche junge Dame, die bereits ihren Computer ausgeschaltet hatte und soeben ihre Handtasche schulterte.

»Bin ich zu spät?«, fragte Heidi erstaunt.

»Aber nein, Sie sind pünktlich wie immer!« Die Frau lächelte. »Aber ich habe um diese Zeit Feierabend. Sie sind der letzte Termin für heute.«

»Oh.«

»Auf Wiedersehen, Frau Kohler!« Die Holzperlen an der Glastür klickten aneinander, als die Tür sich hinter der Empfangsdame schloss. Heidi blieb etwas verloren und verwirrt mitten in dem Vorzimmer stehen. Ihr wurde bewusst, dass Toni und sie dann vermutlich alleine waren – außer, er hatte noch Kollegen, die in den anderen Behandlungsräumen arbeiteten. Doch bisher hatte sie keinen gesehen. Sie musste ihn fragen, nahm sie sich vor.

Gerade, als sie sich setzen wollte, erschien Toni.

»Guten Abend, Heidi! Bitte, komm doch mit.« Er lächelte sie wieder mit seinem umwerfenden Charme an. Heidi fühlte sich ganz schwach; sie musste ihre Beine zwingen, hinter ihm herzulaufen. Wieder kamen sie in dem bekannten Behandlungsraum an. Das Licht war angenehm gedämpft, leise Musik erschallte aus unsichtbaren Lautsprechern. Heidi ging in den angrenzenden Duschraum, zog sich aus und schlang das große Badetuch um sich. Sie fühlte sich wie betäubt und wusste nicht, was sie denken sollte. War es Absicht, dass sie alleine waren? Aber nein, sie selbst hatte ja um Termine am Abend gebeten. Sie schimpfte mit sich selbst, was für eine Idiotin sie wäre, während sie mit unbewegter Miene den Behandlungsraum wieder betrat und sich auf die Liege setzte. Toni hantierte mit verschiedenen Fläschchen auf einem Regal.

»Wie geht es dir?«, wollte er wissen.

»Gut soweit.«

»Sind die Schmerzen besser geworden?«

Ja, dafür habe ich andere Schmerzen. Es zieht furchtbar zwischen meinen Schenkeln, wenn ich nur an dich denke. Dann werde ich feucht und sehne mich nach deinen Händen, die meine ›Schmerzen‹ dort wegreiben …

»Ja.« Den Rest ihrer Gedanken verschwieg sie lieber.

»Schön, das freut mich!« Toni drehte sich um und lächelte ihr zu. Während er ein paar Fläschchen auf einem kleinen Wagen abstellte und Kosmetiktücher holte, bedeutete er ihr, sich schon mal hinzulegen. Heidi gehorchte.

»Hast du noch Kollegen hier?« Sie musste das fragen, bevor er ihr den Verstand aus dem Gehirn massierte.

»Nein, zurzeit nicht. Bis vor ein paar Wochen hat noch eine Frau hier gearbeitet, aber sie ist gerade in Elternzeit. Sie wechselt sich mit ihrem Mann ab.«

Toni träufelte Öl auf ihre Haut und begann, es sanft einzumassieren. Heidi schloss die Augen. Also waren sie tatsächlich völlig allein.

Seine Hände strichen kundig über ihre Haut, verteilten die Flüssigkeit gleichmäßig. Seine Finger begannen, ihre Schultermuskeln zu bearbeiten, dann glitten sie immer ein Stückchen weiter ihren Rücken entlang, kneteten und strichen. Im Gegensatz zu den vorigen Malen sagte Toni kein Wort, sondern schien sich ganz auf seine Arbeit zu konzentrieren. Heidi wusste nicht, ob sie enttäuscht oder erleichtert darüber sein sollte. Enttäuscht, weil auch seine Stimme zu ihrer Erregung beigetragen hatte; erleichtert, weil es ihr auf diese Weise vielleicht leichter fallen würde, nur seine Professionalität in Anspruch zu nehmen und nicht mehr zu erwarten.

Als sie entspannt die Augen schließen wollte, spürte sie seine Hände sich ihrem Gesäß nähern. Wie letztes Mal strich er mit öligen Händen über die zarte Haut ihrer Pobacken, glitt jedoch wieder zurück, bevor er sie ganz eingecremt hatte. Heidi riss die Augen auf. Von Entspannung keine Spur mehr. Denn jetzt glitten seine Hände wieder zurück und kneteten sanft ihre Hinterbacken. Heidi holte Luft, doch sie sagte nichts. Diese Hände strichen über ihre Haut, waren kurz weg, sodass sie sich fragte, was sie jetzt tun sollte, dann spürte sie einen flüssigen, warmen Strom Öl, der sich über ihre Pobacken ergoss. Wieder kneteten die Hände sie, arbeiteten sich ihre Oberschenkel entlang nach unten, kitzelten ihre empfindliche Haut an der Innenseite der Schenkel und bearbeiteten ihre Waden. Als Toni begann, ihre Fußsohlen zu massieren, keuchte Heidi auf. Das alles war so erregend für sie, dass sie sich nicht mehr beherrschen konnte. Sie verbarg ihr Gesicht auf ihren Armen und fühlte sich unfähig, diesem Mann Einhalt zu gebieten.

Seine Hände stimulierten ihre Haut. Heidi spürte, wie sie prickelte. War es das warme Öl oder seine intensiven Berührungen? Er knetete sie von oben bis unten, streichelte und reizte sie, bis sie das Gefühl hatte, in Flammen zu stehen. Irgendwann ließ er von ihr ab, stand einfach ruhig neben ihr. Heidi war verwirrt. Was sollte sie jetzt tun? Sie war erregt, konfus und wusste nicht, welche Reaktion Toni von ihr erwartete. Sie hob fragend den Kopf. Leise sagte er: »Dreh dich um.« Irgendwie klang seine Stimme verändert, fast heiser, sie konnte sich seinem Befehl nicht widersetzen, es lag etwas Zwingendes darin. Sie spürte, wie das Öl von ihrem Körper rann, als sie sich umdrehte und im Reflex die Augen schloss. Sie wollte Toni nicht ansehen, sie fürchtete sich davor, dass er ihr ihre Erregung, ihre Lust an den Augen ablesen konnte. Seine Hände legten sich warm auf ihren flachen Bauch. Ein warmes Rinnsal tropfte auf ihre Haut, dann begann er von Neuem, sie damit einzureiben. Er bewegte sich nach oben zu ihren Brüsten, die vor Erregung geschwollen waren, und Heidi spürte, wie er die erigierten Nippel mit seinen Fingern umschloss und neckte. Leise stöhnte sie auf. Hatte sie sich so etwas in ihrer nächtlichen Unruhe vorgestellt? Sie konnte sich nicht erinnern. Denn dies hier war weit besser als alles, wovon sie geträumt hatte. Allein ihre glitschige Haut war erregend! Seine Hände glitten über ihre Schulterblätter, umfassten sanft ihren Nacken, dann bewegten sie sich erneut über ihre Brüste, rieben und kneteten diese mit leichten Bewegungen. Heidi war inzwischen nass. Am liebsten hätte sie ihre Beine gespreizt und diesen heißen Kerl auf sich gezogen – nackt natürlich. Doch sie hielt still, konzentrierte sich auf seine Bewegungen und hatte das Gefühl, ihre Haut stünde inzwischen in Flammen. Er musste doch wissen, was er in ihr anrichtete? Sie blinzelte ein wenig, sah jedoch nur sein Gesicht. Ein leichtes Lächeln umspielte seine Lippen, während er mit seinen öligen, erregend glitschigen Händen über ihren Bauch fuhr, das kleine Dreieck zwischen ihren Beinen geschickt umschiffte und sich ihren Beinen widmete. Heidi spürte seine Finger, die ihre Muskeln betasteten, kneteten, weiter über ihre Haut strichen. Er arbeitete sich bis zu ihren Füßen voran und kehrte dann wieder zu der Innenseite ihrer Oberschenkel zurück. Sie atmete jetzt schwer.

Seine Hände stahlen sich zwischen ihre Beine, die sie unwillkürlich spreizte. Als er ihren Venushügel massierte und sich bis zu ihren Schamlippen vorarbeitete, keuchte Heidi. Sie war gänzlich geschwollen dort, es prickelte und pochte, und sie ersehnte nichts mehr, als dass er sie dort massierte. Doch noch umspielte er diese Stelle, neckte sie, indem er sie geschickte umrundete, bis sie sehnsuchtsvoll stöhnte.

Toni widmete sich hingebungsvoll ihrem Körper. Er sah ihre Lust, ihr Beben unter seinen Händen und beschloss, diese schöne Frau nicht länger auf die Folter zu spannen. Langsam senkte er seine vor Öl triefende Hand zwischen ihre Beine, streichelte die zarte Haut ihrer Schamlippen und hörte ihr Seufzen. Sie spreizte ihre Schenkel, sodass er ohne Mühe an ihre intimste Stelle kam. Seine Finger massierten zunächst diese Zone, dann suchte er ihren Kitzler und stellte amüsiert fest, dass er geschwollen war. Immer wieder neckte Toni ihn, strich und rieb darüber, hörte Heidi keuchen und stöhnen und sah, wie sie ihre Hände in das Badetuch krallte.

Heidis Brüste bebten, als Toni in ihre Möse vordrang. Seine Finger waren so glitschig, sowohl vom Öl als auch von ihrer Nässe, dass er ohne Widerstand in sie glitt. Dabei drehte er seine Hand so, dass sein Daumen auf ihren Kitzler traf. Auf diese Weise stieß er mehrmals in sie, seine freie Hand widmete sich ihren ölglänzenden Brüsten. Heidi stöhnte immer lauter, ihr Gesicht war vor Lust verzerrt, sie hob ihr Becken und ließ es auf seiner Hand rotieren.

Toni stieß seine Finger immer schneller in sie; er liebte es, wenn eine Frau ihm auf diese Weise ausgeliefert war und er sie befriedigen konnte. Heidi schnappte nach Luft, weit hinten spürte sie den Orgasmus heranrollen; sie wollte diese Situation auskosten, noch lange in diesem Zustand schweben bleiben und ihn hinauszögern. Sie spürte Tonis Hände, die sie zum Brennen brachten, ihre glitschige Haut, über die sein Atem strich und ihr Gänsehaut verursachte. Seine Finger, die konzentriert in sie stießen und sie in Höhen trieb, die sie selbst nicht erreicht hatte.

»Komm, Heidi. Komm in meine Hand,« schnurrte ihr Masseur mit tiefer, heiserer Stimme.

Ihr Höhepunkt erwischte sie mit voller Wucht.

Heidi stieß einen Schrei aus, riss die Augen auf, keuchte mit weit geöffnetem Mund. Ihr Rücken bog sich durch, als sie sich aufbäumte. Sie rotierte mit ihrem Becken, spreizte ihre Beine weit auseinander und Toni fickte sie mit seinen Händen, bis sie erschöpft zurücksank. Ihr Atem beruhigte sich nur langsam.

Toni glitt mit seinen Fingern aus ihr, streichelte ihre Hüften und lächelte. Erst jetzt blinzelte sie ihn an, dann lächelte sie zaghaft zurück.

»Was war das?«, fragte sie scherzhaft.

»Das volle Programm, Heidi …« Toni grinste. Heidi ließ ihren Blick über seine Hose wandern, konnte jedoch nicht erkennen, ob auch er erregt war. Trug er etwa einen Penisschutz oder was, fragte sie sich unwillkürlich. Zumindest musste es etwas sein, das kein Zelt bildete bei einer Erektion. Oder dieser Mann war nicht normal?

Toni reichte ihr eine Hand und half ihr auf, nachdem er mit ein paar Kosmetiktüchern das überschüssige Öl von ihrer Haut getupft hatte. Ihr war schwindelig, und sie wusste nicht, was sie sagen sollte. Auf wackeligen Beinen stakste sie in die

Dusche, ließ das heiße Wasser ausgiebig über ihren Körper rinnen und überlegte, ob sie das alles gerade nur geträumt hatte.

Nachdem sie sich abgetrocknet und angezogen hatte, kam sie zurück. Toni räumte die Fläschchen wieder in das Regal.

»Danke,« sagte sie schlicht. Er drehte sich um und lächelte sie an. Dieses umwerfende Lächeln. Diese unglaublichen Hände.

Als sie nach draußen ging und die Glastür mit den klickenden Holzperlen sich hinter ihr schloss, schauderte sie vor Erregung bei dem Gedanken an seine letzten Worte, die er mit strahlendem Lächeln gesagt hatte.

»Bis zum nächsten Mal, Heidi.«

Yoni Massage

Linda hob ihr Sektglas.

»Auf dich, meine Liebe!« Dann nahm sie einen Schluck und beobachtete ihre Freundin Marsh, die ebenfalls von ihrem Glas trank. Linda war gespannt, was sie auf das Geschenk sagen würde, das sie ihr zu ihrem Geburtstag überreicht hatte.

Marsh und Linda waren seit der gemeinsamen Schulzeit befreundet. Nach dem Abschluss hatten sich ihre Wege getrennt, doch da sie beide in der gleichen Stadt geblieben waren, trafen sie sich zufällig in einem Café wieder. Beide hatten sich kaum verändert und gegenseitig sofort wieder erkannt. Sie waren sich kreischend um den Hals gefallen und verbrachten den restlichen Tag damit, einander die letzten Jahre zu erzählen. Seitdem waren sie unzertrennlich wie damals.

***

Marsh feierte ihren 31. Geburtstag im Stillen. Sie war froh, an diesem Tag nicht alleine zu sein, hatte jedoch auf eine große Party keine Lust, weil sie noch immer das erklärungslose Verschwinden ihres Freundes überwinden musste. Soweit sie wusste, hatte er bereits eine Neue, was sie sowohl in Zugzwang brachte – niemand mochte es, wenn der Ex glücklich wurde und für einen selbst gab es kein kuscheliges Bett – als auch die Selbstzweifel in ihr nährte. Auch wenn Linda ihr immer wieder sagte, dass sie eine tolle Frau sei, hübsch mit einer Klasse-Figur, war es für Marsh klar, dass das für Steve wohl nicht ausgereicht hatte.

Letzten Endes, hatte Linda gesagt, war Steve nur ein Macho, der es mit intelligenten Frauen nicht aufnehmen konnte. Diese Aussage hatte sie nach einer Flasche Wein getroffen, weshalb Marsh nicht sicher war, ob sie das ernst nehmen konnte.

***

Jetzt aber lächelte sie Linda an.

»Ich freue mich, dass du da bist!«

»Du weißt, Schätzchen, ich bin immer für dich da.« Linda war für Marsh die resolute, verrückte, quirlige und selbstbewusste Schwester, die sie nie hatte. Linda steckte mit ihrer Energie an, während Marsh auf ihre Umgebung beruhigend wirkte. So gegensätzlich die beiden Frauen auch waren, ergänzten sie sich doch wie Puzzleteile, weil sie einander wertschätzten.

Sie hatten beschlossen, den Abend gemütlich bei Marsh zu Hause zu verbringen, zu trinken, zu reden, Filme anzusehen. Linda würde bei ihr übernachten, und weil es Wochenende war, konnten sie am nächsten Tag ausschlafen. Marsh öffnete den Briefumschlag, den Linda ihr überreicht hatte.

»Ein Gutschein?« Sie war überrascht, klappte die Karte auf und las: »Für Marsh, meine liebe Freundin – lass es dir gut gehen …« Darunter war ein Herzchen gemalt. Marsh war gerührt, bis sie weiterlas. »Erleben Sie eine erotische Yoni-Massage bei Yon Whee, mit duftenden Ölen und exotischen Klängen … Eine erotische Massage? Linda!« Sie riss die Augen auf.

Linda lachte. »Schätzchen, da läuft nichts, was du nicht willst, okay? Ich hab es ausprobiert, es ist klasse!«

Marsh wurde knallrot. Was sollte sie sich darunter vorstellen? Nie würde sie dort hingehen! Trotzdem fragte sie zaghaft nach.

»Ich würde dir die Überraschung verderben, wenn ich es dir erzähle. Nur so viel: Danach vergisst du die stümperhaften Beglückungsversuche deines Ex.«

»Aber was müsste ich mitnehmen, falls ich dort hinginge?«

»Nicht FALLS, meine Liebe, sondern WENN. Das ist ein Unterschied. Ich bestehe darauf, dass du den Gutschein einlöst, um deinetwillen. Schließlich bist du schon seit ein paar Monaten ohne Mann, und du sollst es dir gut gehen lassen.« Bei dem zweifelnden Ausdruck auf dem Gesicht ihrer Freundin beugte Linda sich vor und legte ihr beruhigend die Hand auf den Arm: »Du musst nur dich selbst mitbringen und gute Laune. Na ja, und den Gutschein.«

»Kein Handtuch, wie bei normalen Massagesalons?«

Linda schüttelte den Kopf. »Nichts dergleichen.«

Marsh bedrängte sie, ihr zu erzählen, was dort vor sich ginge, aber Linda lächelte nur geheimnisvoll und meinte, sie solle sich positiv überraschen lassen. »In Zeiten ohne Kerl ist das eine wohltuende Alternative.«

Zeiten ohne Kerl – Marsh wusste, dass Linda sich ihre Sexualpartner nach dem Prinzip auswählte: »Heute darfst du in mein Bett, morgen früh bist du verschwunden.« Insgeheim beneidete sie ihre Freundin für diese Einstellung, sie selbst konnte das nicht. Linda war eine äußerst attraktive Frau, ihr Busen war straff, die blonden Haare mit Strähnen durchsetzt, die Figur schlank und durchtrainiert. Ihre Augen groß und blau, sodass sie je nach Lichteinfall wie Sterne strahlten. Marsh dagegen war klein und zierlich mit schwarzem Haar, das sie mit einem Haargummi bändigen musste. Ihre dunklen großen Augen waren mit dichten Wimpern umkränzt, ihre vollen Lippen nur zart mit einem Lipgloss betont. Männer sahen ihr bewundernd hinterher – was Marsh jedoch selten bemerkte. Und wenn, dann fragte sie sich, ob sie ein Kleidungsstück falsch herum angezogen hatte.

***

Sie verbrachten den Abend wie geplant mit viel Wein, Reden und Lachen. Marsh hatte leise Musik aufgelegt, zu der sie beide irgendwann wie verrückt im Raum umher tanzten. Später, als sie müde wurden, legten sie eine DVD in das Abspielgerät und schliefen, unter Decken auf dem Sofa eingekuschelt, ein.

Den nächsten Morgen verbrachten sie damit, ihren Kater zu vertreiben und sich ein ordentliches Frühstück zu genehmigen. Als Linda sich verabschiedete, ermahnte sie Marsh noch einmal: »Denk an den Gutschein. Bitte lass ihn nicht verfallen.«

Marsh sah ihr nachdenklich lächelnd hinterher. Linda war schon immer fürsorglich und meinte stets zu wissen, was für den anderen das Beste sei. Sie kehrte in die Wohnung zurück und nahm noch einmal die kleine, hübsche Karte auf.

Yoni ist aus der vedischen Sprache, aus dem Sanskrit. Sie versinnbildlicht die Weiblichkeit. Die Göttin Yoni wurde als schöpferische Kraft verehrt.

Marsh las, dass sie ein Vorgespräch haben könne, in dem klar definiert würde, was die massierende Person anbiete, was sie selbst möge und wie in etwa der Ablauf sei. Sie überlegte, ob sie das auch telefonisch erfragen könnte, denn Marsh war jetzt sehr neugierig geworden. Was sollte sie sich unter einer Yoni-Massage vorstellen?

Ihr Anruf wurde von einer sanften freundlichen Stimme entgegengenommen.

»Guten Tag, hier ist der erotische Massagesalon Yon Whee. Was kann ich für Sie tun?«

Marsh atmete tief durch. Dann stellte sie sich vor, erklärte ihr Anliegen und lauschte den Ausführungen am anderen Ende.

»Wenn Sie möchten, dürfen Sie gerne kommen, sich die Räumlichkeiten ansehen und Ihre Masseurin kennenlernen, um zu sehen, ob sie die Person ist, von der Sie berührt werden möchten.«

Masseurin? Sie war doch nicht lesbisch? Was hatte Linda sich dabei wieder gedacht? Doch bevor Marsh empört auflegen konnte, erklärte die Frau, die ihre Vorbehalte gespürt haben musste, weiter: »Wir beschäftigen nur Frauen, weil diese sehr einfühlsam sind. Wenn Frauen andere Frauen massieren, dann hat das nichts mit lesbischer Liebe zu tun. Wir sind ein seriöses Unternehmen und Geschlechtsverkehr findet bei uns nicht statt. Es geht hier um Berührung und Entspannung.«

Hm. Marsh hörte weiter zu.

»Möchten Sie gerne einen Termin ausmachen für ein Vorgespräch?«

»Ja.« Sie würde sich das Ganze einfach mal ansehen und anhören – zumindest würde sie dadurch herausfinden, was Linda ihr verschwiegen hatte. Sie einigten sich auf einen späten Nachmittag in drei Tagen, und Marsh trug den Termin in ihren Kalender ein. Sie war gespannt.

***

Drei Tage später stand sie vor dem Salon »Yon Weeh« und fragte sich immer noch, was sie hier sollte. Aber die drängenden Worte von Linda gingen ihr nicht aus dem Kopf: Geh dorthin um deinetwillen. Lass den Gutschein nicht verfallen. Lass es dir gut gehen.

Eigentlich sollte sie diesen Rat endlich annehmen, oder?

Sie klingelte an der Tür des Hauses und wurde mit einem Summen eingelassen. Der weiträumige Flur war geschmackvoll dekoriert – Blumen, Statuen und schöne Girlanden harmonierten mit den Farben der Wände, die das gedämpfte Licht zurückwarfen. Marsh trat an den niedrigen Tresen, hinter dem eine dunkelhaarige Frau saß und sie anlächelte.

»Hallo, ich bin Marsh. Ich habe einen Termin zu einem Vorgespräch.«

»Schön, dass Sie da sind! Ich gebe Lana gleich Bescheid.« Sie stand auf und verschwand in dem angrenzenden Gang, kam jedoch sofort wieder und bot Marsh einen Platz an. »Sie kommt gleich.«

Marsh setzte sich. Sie war etwas aufgeregt, weil sie nicht wusste, was sie erwartete.

Aus dem Gang tauchte eine schlanke Gestalt auf, die sie herzlich anlächelte. »Hallo, ich bin Lana. Bitte, hier entlang.« Marsh folgte ihr in einen gemütlichen kleinen Raum, der ebenso schön eingerichtet war wie das Vorzimmer. Lana lud sie ein, sich zu setzen, bot ihr eine Tasse Tee an und eröffnete das Gespräch mit einer Frage.

»Wir werden über viele Dinge sprechen, über Intimität, Erotik, Sexualität. Bei diesen Themen lässt man sehr viel Nähe zu. Ist es okay, wenn wir uns duzen?«

Lana kam sehr sympathisch bei Marsh an, deshalb hatte sie keine Schwierigkeiten, zu nicken und zu lächeln. »Ja.«

»Danke.« Auch Lana lächelte. Dann erklärte sie ihr, worum es bei einer Yoni-Massage ginge.

»Bei der Erotik geht es um Sinnlichkeit, Lust, um Loslassen und um Leichtigkeit. Berührungen sind wie Medizin, weil die Haut das größte Organ des Menschen ist, das Zuwendung braucht. Bei einer erotischen Yoni-Massage wird zunächst der ganze Körper massiert: Gesicht, Brust, Bauch, Rücken, Gesäß und so weiter. Ich massiere mit ausgesuchten Ölen, die sorgfältig in die Haut einmassiert werden und zur Entspannung beitragen. Auch massiere ich nicht nur mit den Händen, sondern auch mit meinem Körper, das heißt, auch ich selbst bin nackt. Das Prinzip heißt: Von außen nach innen. Weil du noch nie eine Massage genossen hast, werde ich bei jeder neuen Berührung fragen, ob das so in Ordnung ist. Wenn du irgendetwas nicht möchtest oder dich unwohl fühlst, dann hab keine Scheu, das zu sagen.«

Marsh schwirrte der Kopf. »Was heißt: Von außen nach innen?«

»Das heißt, zunächst der ganze Körper, dann die Intimzone außen, dann innen.« Als Lana das erschreckte Gesicht von Marsh sah, lächelte sie beruhigend. »Nur, wenn du das möchtest. Und bitte, mach dir nie Gedanken darum, was ich denken könnte, oder dass du unbedingt zu einem Höhepunkt kommen müsstest. Das ist nicht so. Ich bin vollkommen wertfrei und nehme jeden Menschen so an, wie er ist. Und es soll nur das geschehen, was du möchtest. Verstehst du? Deshalb ist es wichtig, klar zu kommunizieren – außer, dass ich dich beobachten werde, um auf dich einzugehen, ist das für mich sehr wichtig.« Das herzliche Lächeln von Lana beruhigte Marsh ein wenig. Sie konnte es sich ja noch einmal überlegen, ob sie das wirklich wollte.

»Hast du noch Fragen, Marsh?«

»Ja. Muss ich etwas mitbringen? Ein Badetuch vielleicht?«

»Wir stellen Tücher zur Verfügung, die wir täglich in die Reinigung geben, sowie Produkte für die Dusche danach. Die einzige Bedingung, die wir stellen, ist, dass unsere Kunden bereits sehr sauber gereinigt zu uns kommen. Wir selbst achten ebenfalls darauf, dass wir angenehm sind. Bring nur dich selbst mit – so, wie du bist.«

Marsh war nachdenklich. Das alles klang sehr professionell und seriös. Sollte sie …?

»Gut. Ich mache es.« Sie beschloss, über ihren Schatten zu springen, auch wenn es sie ihre ganze Willenskraft kostete.

Lana strahlte. »Wunderbar! Das freut mich wirklich. Ich glaube, du wirst es nicht bereuen!« Sie fügte hinzu: »Nach der Massage biete ich noch ein Nachgespräch an, wenn du möchtest. Die reine Massagezeit beträgt etwa 60 Minuten. Bitte komme etwa 20 Minuten vorher, um die Vorbereitungen rechtzeitig abzuschließen.«

Vorbereitungen? Marsh überlegte, ob sie jetzt nachfragen sollte. Andererseits vertraute sie Lana, die einen herzlichen Eindruck machte und ihr jetzt die Hand gab, um sie zu verabschieden.

»Vorne bei Sandra kannst du einen Termin ausmachen. Ich freue mich auf dich!« Sie führte sie auf den Flur und schenkte ihr nochmals ein sympathisches Lächeln, bevor sie in einen anderen Raum ging. Marsh ging zu dem Vorzimmer zurück, zückte dort ihren Taschenkalender und fand gemeinsam mit der jungen Frau einen Nachmittag etwa fünf Tage später. Beim Nachhauseweg schüttelte sie über sich selbst den Kopf, dann über Linda, ihre Freundin, die auf eine solch abstruse Idee kam, ihr eine erotische Massage zu schenken.

Zu Hause schenkte sie sich den Rest des Weines ein, der noch von ihrem Geburtstag übrig geblieben war, und rief Linda an.

»Du hast einen Termin ausgemacht? Wunderbar!«

»Ich weiß immer noch nicht, was ich von dem Ganzen halten soll,« meinte Marsh skeptisch.

»Ach, das wirst du dann aber wissen, Schätzchen, glaub mir. Es tut einfach unglaublich gut.«

Seine intimste Stelle einer fremden Frau zu zeigen, tat gut? Marsh wiederholte den Gedanken laut. »Aber ja, Süße! Diese Frau weiß, wie eine Muschi aussieht und behandelt sie vor allem mit Respekt und Wertschätzung. Eben das ist Yoni.«

»Aber was denkt sie dann über mich, zum Beispiel, falls ich zu einem Orgasmus kommen würde?«

»Ich glaube, sie freuen sich alle mit den Frauen, die einen Höhepunkt erleben. Es gibt viele, die so etwas noch nie erlebt haben. Deshalb braucht es auch Zeit, um diese Sinnlichkeit zu erleben.«

Wenn Marsh an Steve, ihren Ex dachte, dann war ihre Leidenschaft stets nur auf wenige Minuten begrenzt gewesen, weil er ziemlich schnell fertig gewesen war und abgespritzt hatte, während sie immer noch köchelte. Dass Sinnlichkeit, Leidenschaft und Erotik Zeit brauchten, war ihr fast neu – etwas, was sie tief innen geahnt hatte, jedoch nie erlebt.

Irgendwann kamen sie noch einmal auf das Thema ›erotische Massage‹ zu sprechen. Marsh druckste: »Weißt du, ich komme mir komisch vor, von einer Frau so intim massiert zu werden …«

Linda, direkt wie immer, fragte: »Würde es dir mit einem Mann denn besser gefallen?«

Marsh wurde still. Wenn sie in sich hinein horchte, dann konnte sie sich das mit einem Mann eher vorstellen, weil sie es als natürlicher empfinden würde. Sie erklärte es Linda, die nun ebenfalls nachdachte. »Tja, wer käme dafür in Frage?«, überlegte sie laut.

»Willst du jetzt einen Kerl für mich finden, der mich massiert?« Marsh musste bei dieser Vorstellung lachen, aber Linda meinte es ernst.

»Ja, natürlich! Dir soll es gut gehen – und ich glaube, wenn du das einmal gemacht hast, dann willst du es immer wieder. Weil es einfach geil ist.«

»Tja, aber dort arbeiten nur Frauen, wurde mir gesagt.«

»Das ist sicher kein Hindernis. Ich höre mich mal um.«

»Linda …«

»Nein, lass mich nur machen. Ich finde da bestimmt was – oder jemanden,« sie kicherte. Sämtliche Proteste von Marsh wurden im Keim erstickt, weil Linda sie nicht gelten ließ. »Warte einfach mal ab. Du kannst dann ja immer noch Nein sagen,« behauptete sie.

Marsh gab vorerst auf. Wenn ihre Freundin sich etwas in den Kopf gesetzt hatte, dann zog sie das durch. Nachdem sie sich verabschiedet hatten, legten sie auf und Marsh ging zu Bett. Sie grübelte darüber nach, worauf sie sich da eingelassen hatte. Sie schätzte ihre Freundin sehr und wusste, wie gut Linda es mit ihr meinte. Aber manchmal schlug sie mit ihrem Enthusiasmus über die Stränge.

***

Nach zwei Tagen meldete Linda sich telefonisch bei ihr.

»Hast du heute Abend schon was vor?«, forschte sie.

»Nein, bis jetzt nichts Bestimmtes.«

»Gut, ich komme vorbei und bringe jemanden mit. Dusch dich schon mal.«

Bevor Marsh nachfragen konnte, hatte Linda bereits aufgelegt. Seufzend begab Marsh sich in ihr Bad. Sie betrachtete ihren nackten Körper im Spiegel. Eigentlich sah sie gar nicht so schlecht aus. Ihr Bauch war noch immer straff, ihre Oberweite genau passend für ihre Größe, die Hüften nicht allzu ausladend, aber angenehm kurvig. Eigentlich genau so, wie viele Männer es mochten. Aber warum dieser Steve nicht? Achselzuckend schüttelte sie die negativen Gedanken an ihn ab und duschte sich. Sie zog eine bequeme Hose und ein T-Shirt an, frottierte ihre Haare und wartete im Wohnzimmer bei einem Glas Wein auf Linda und ihr ›Mitbringsel‹.

***

»Hey!« Linda umarmte sie stürmisch. Hinter ihr tauchte eine männliche Gestalt auf, mit herzlichem Lächeln und vor Charme sprühenden Augen.

»Das ist Simon. Er ist geprüfter Masseur und kennt sich auch auf dem Gebiet der erotischen Massage aus.«

Marsh bekam große Augen. Der Mann sah verdammt gut aus. Seine schlanke Gestalt steckte in Jeans und Shirt, die langen dunklen Haare waren gepflegt und am Hinterkopf mit einem Gummiband zu einem Zopf gebunden. Er trug einen sorgfältig zurechtgestutzten Bart.

Linda betrat das Wohnzimmer und setzte ihre mitgebrachte große Tasche auf dem Boden ab.

»Ich habe alle Utensilien dabei, die ihr braucht.«

Marsh folgte ihr völlig überrumpelt und zischte ihr zu: »Was bitte soll das?«

Ihre Freundin lächelte. »Ich will dir nur Gutes tun, Schätzchen. Ich weiß, du fühlst dich jetzt überrumpelt und all das, aber nachdem du gesagt hast, du könntest es dir mit einem Mann eher vorstellen, habe ich Simon aufgegabelt, der in einem anderen Salon arbeitet. Er ist ein wirklich Lieber. Und natürlich gibt es ein Vorgespräch, und danach kannst du entscheiden, ob du es möchtest oder nicht. Okay?«

Linda kannte sie einfach zu gut. Sie wusste, dass Marsh neugierig sein und sich zumindest anhören würde, was Simon zu sagen hatte. Also setzten sie sich alle, Marsh bot ein Gläschen Wein an, und Simon erzählte kurz von sich, damit er Marsh beruhigen konnte.

»Ich wohne ein paar Straßenzüge weiter und arbeite im ›Salitas Massagesalon‹. Eigentlich bieten wir hauptsächlich die normalen physiotherapeutischen Massagen an, aber ein paar von uns haben sich auch auf erotische Massage spezialisiert.« Er sagte, dass hauptsächlich Männer diese Massagen in Anspruch nähmen, es aber auch bei Frauen im Kommen wäre. Die meisten Frauen bevorzugten Partner ihres eigenen Geschlechts bei diesen intimen Handlungen. Andere fühlten sich wohler und fänden es prickelnder, wenn ein Mann sie massierte. »Wichtig zu wissen ist, dass es zu keinem Geschlechtsverkehr kommt. Meine Kolleginnen bieten den Männern Handentspannung an, genauso wie sie den Kundinnen Entspannung durch die Yoni-Massage geben. Auch zwischen uns würde es zu keinem Verkehr kommen. Es gibt auch keine Erwartungen von meiner Seite, dass du in irgendeiner Weise reagieren müsstest oder solltest. Es ist wichtig, dass du das verstehst …«

Simon hatte sie von Anfang an wie selbstverständlich geduzt. Seine ruhige, sanfte Art wirkte fast hypnotisch auf Marsh. Sie sah ihm unverwandt in die Augen und er begegnete ihrem Blick gelassen. So wie Lana ihr erklärt hatte, so sagte auch er, dass er bei jeder neuen Berührung nachfrage, ob sie angenehm sei, ob es okay wäre. »Es zählt nur das, was du möchtest und brauchst.«

Marsh dachte nach. Im Prinzip klang das alles sehr unkompliziert. Sie könnte außerdem die Augen schließen und dabei vergessen, dass ein Mann an ihrem Körper herumfummelte.

»Erklär ihr, wie du massierst, Simon,« schaltete Linda sich ein.

»Von außen nach innen. Zuerst den ganzen Körper, dann bestimmte Körperteile, und dann dein Yoni.«

Inzwischen wusste Marsh, was ihr Yoni war. Sie errötete etwas. Und stellte fest, dass sie allein die Vorstellung erregend fand, dass ein Fremder sie gekonnt mit seinen Fingern befriedigte. Unwillkürlich nickte sie, als Simon sie sanft fragte: »Kannst du dir eine Massage mit mir vorstellen?«

Linda lächelte zufrieden und stand auf. »Fein, dann gehe ich mal.« Sie nahm ihre Handtasche und küsste Marsh an der Tür auf beide Wangen. »Lass es dir gut gehen, Süße,« flüsterte sie, dann war sie weg. Marsh sah ihr verloren hinterher, schloss die Tür und drehte sich um. Simon saß abwartend mit einem freundlichen Lächeln auf dem Sofa. Er versuchte, ihr die Befangenheit zu nehmen.

»Ich sehe, du bist nervös, Marsh. Linda will dir etwas Gutes tun, und das möchte ich auch. Ich wünsche dir sehr, dass du dich fallen lassen kannst. Vielleicht magst du etwas leise Musik auflegen?« Marsh nickte verlegen und suchte in ihrem CD-Regal nach leiser, stimmungsvoller Musik. Sie fand etwas Entspannendes und legte die CD in ihren Rekorder. Als sie sich wieder umdrehte, hatte Simon ihr Weinglas noch einmal gefüllt. Er lächelte wieder.

»Ich glaube, dass etwas guter Wein sehr zur Entspannung beiträgt.« Er hatte sicher recht, dachte Marsh und nahm einen großen Schluck. Die Musik ertönte mit leisen, schwebenden Tönen.

»Wie geht es weiter?«, fragte sie nervös.

»Nun, es gibt zwei Möglichkeiten. Die erste ist, wir stellen Kerzen auf, verdunkeln den Raum etwas – das Neonlicht von draußen können wir aussperren – und beginnen dann.«

»Und die zweite?« Marsh nippte wieder an ihrem Glas.

»Die zweite ist, wir verdunkeln den Raum zwar, verzichten jedoch auf die Kerzen. Dafür würdest du ein Tuch um die Augen gebunden haben, um dich ganz auf die Berührungen konzentrieren zu können.«

Wenn Marsh es sich recht überlegte, war ihr die zweite Möglichkeit am liebsten. Sie würde nicht ständig Simon beobachten, nicht völlig gespannt sein. Andererseits würde sie ihm dafür völlig vertrauen müssen … was ihr inzwischen nicht mehr schwerfiel, stellte sie fest. Wenn sie ihn so betrachtete, machte er einen guten, anständigen Eindruck. Seine Finger waren manikürt, was bei einem Mann selten der Fall war.

»Okay. Die zweite«, sagte sie knapp und stellte ihr Glas auf den Tisch. Simon lächelte wieder und erhob sich.

»Dann erlaube mir bitte, dir ein Tuch umzubinden.« Er griff in die große Tasche auf dem Boden und zog ein schwarzes, blickdichtes Tuch hervor. Marsh ließ es sich umbinden, dann wartete sie auf weitere Anweisungen.

»Bitte vergiss nicht: Nichts geschieht, was du nicht möchtest. Bitte teile mir deine Gedanken und Gefühle mit, damit ich mich darauf einstellen kann. Okay?«

Marsh nickte. Simon bat sie, sich zu entkleiden. Sie hörte Rascheln, während sie ihre Hose und das T-Shirt abstreifte und letztlich nur in ihrem Unterhöschen da stand. Als sie sich zu Boden sinken ließ, spürte sie ein dickes, flauschiges Tuch unter sich. Simon musste es auf den dünnen Teppich gelegt haben. Sie lag da und wartete, lauschte auf die Geräusche, die Simon machte – leises Klappern, Rascheln, Hände reiben. Dann Stoff, der auf Haut rieb. Die leise Musik erfüllte sie und sie merkte, dass der Alkohol sie entspannte. Simon sprach leise, fast flüsternd.

»Marsh, ich werde dir jetzt Öl auf deinen Körper träufeln und mit der Massage beginnen.«

Sie quiekte trotz seiner Vorwarnung kurz auf, als die Flüssigkeit auf ihre Haut traf. Dann spürte sie sanfte Hände, die sich auf ihren Bauch legten, leicht darüberstrichen, ihn sanft kneteten und sich in Richtung ihres Busens bewegten. Marsh war froh, dass sie Simon nicht ansehen musste. Ohne das Tuch wäre sie ständig versucht zu blinzeln, um seinen Gesichtsausdruck zu deuten. Sie fand ihre Brüste viel zu klein und ertappte sich bei den Gedanken, was wohl Simon von ihr denken mochte. Seine Hände waren angenehm warm und weich. Sie tasteten über ihre Brüste, umrundeten sie, verteilten das Öl, und wenn er weiteres Öl nahm, waren sie kurz von ihrer Haut verschwunden. Marsh merkte, dass sie sich sehr schnell an diese Hände gewöhnte, die sie mit Respekt behandelten. Sie verweilten auf ihrem Busen, kneteten ihn sanft, reizten leise ihre Nippel, die sich lustvoll in die Höhe reckten und hart wurden. Marsh schnappte nach Luft. Sie hörte Simons lächelnde Stimme, die leise sagte: »Lass dich fallen, Marsh. Lass dich fallen.«

***

Es war so ganz anders als mit Steve, ihrem letzten Freund. Der hatte ein bisschen an ihr herumgefummelt, manchmal grob, war in sie eingedrungen und war nach kurzer Zeit, in der er schnaufte wie ein Walross, fertig gewesen.

Simon dagegen behandelte sie sanft, mit Respekt. Ab und zu fragte er: »Ist das okay für dich?«, und sie nickte jedes Mal. Wie sollte es auch nicht okay sein? Seine Hände waren einfühlsam, streichelten und kneteten sie. Er fuhr mit den Handflächen über ihre Brüste, die sich nach seiner Berührung zu sehnen schienen, bis zu ihren Schlüsselbeinen. Dort knetete er sie vorsichtig, wodurch sie ihre letzte Anspannung verlor. Dann fuhr er mit kräftigen Strichen über ihre Oberarme, jeden einzeln, bis er bei ihren Fingerspitzen angekommen war und jeden Finger kräftig zwischen seinen Händen nach außen ausstrich. Für Marsh waren diese Berührungen einzigartig – noch nie hatte sie fühlbar erlebt, dass sie so viel Haut zum Streicheln hatte. Nachdem Simon auch den anderen Arm auf diese Weise behandelt hatte, kehrte er zu ihren Schultern zurück und strich von dort aus nach unten, über ihre Brüste, die unter seinem Streicheln und Kneten zu vibrieren schienen, bis auf ihren Bauch. Dort ließ er wieder Öl auf ihre Haut tropfen, das er gekonnt verteilte, zwischen seinen Händen verrieb und über ihren Venushügel und die Hüften zu ihren Beinen überging. Er knetete ihre Oberschenkel, stellte ihre Beine auf und behandelte sie dadurch rundum. Seine Hände klopften und strichen über ihre Waden und ihre Schienbeine, folgten der sanften Linie des Fußspannes bis zu den Zehen, die er ebenfalls einzeln vorsichtig lang zog. Nach dieser Prozedur nahm er seine Hände weg.

Marsh fragte sich, wie es weiterginge. Seine Hände hatten in ihr ein sehnsuchtsvolles Brennen hinterlassen, ein Prickeln und Verlangen nach Berührung. Sie hatten ihr das Gefühl gegeben, dass sie schön war, dass ihr Körper vibrierte vor Energie und diese auch ausleben wollte. Wo waren diese Hände nun? Marsh war versucht, sich das Stofftuch von den Augen zu nehmen, als sie ein leises Reiben hörte. Simon kehrte mit warmen, neu eingeölten Händen zu ihr zurück. Marsh entspannte sich wieder.

Seine Hände begannen wieder auf ihrem Bauch, dann wanderten sie in kreisenden Bewegungen zu ihrer Scham. Marsh spannte ihre Muskeln an. Wollte sie das? Simon fragte sie ebenfalls, mit leiser Stimme. Er war hypnotisch, mit diesen Händen, hatte in ihr ein Verlangen hervorgerufen, nach dem sie süchtig wurde – also nickte sie. Sanft strich er über ihren Venushügel bis zu der Stelle zwischen ihren Beinen, die sie ihm nun wohl öffnen musste. Sie zauderte kurz, dann bewegte sie ihre Schenkel auseinander und spürte seine Finger, die zunächst über die empfindliche Haut auf der Innenseite ihrer Oberschenkel streichelten. Dann näherten sie sich den äußeren Schamlippen, und Simon strich immer wieder mit seiner flachen Hand darüber, rieb sie und knetete ihre Muskeln mit kräftigen kreisenden Bewegungen.

Marsh hatte nicht gewusst, dass allein das sie dermaßen antörnen würde. Sie keuchte und spreizte ihre Beine unwillkürlich weiter auseinander. Simon verstärkte den Druck und schob bei seiner Auf- und Ab-Bewegung zusätzlich einen Finger zwischen ihre Schamlippen. Wieder fragte er: »Ist das okay?«

Wie konnte er nur solche Fragen noch stellen? Marsh hätte ihn am liebsten angebrüllt: Jaaa, ja, mach weiter, frag nicht mehr, bring mich zum Kreischen, aber frag nie wieder! Stattdessen keuchte und stöhnte sie leise, sie brachte ein kleines Nicken zustande, während sie ihm ihr Becken entgegen hob. Simon schien allmählich zu kapieren, dass er jetzt nicht mehr aufhören konnte, denn er widmete sich nun ganz ihrer Yoni.

Marsh spürte seine Hand, die über ihre Schamlippen rieb. Sie waren glitschig vor Öl und ihrer eigenen Nässe. Teils massierte Simon noch immer ihre Muskeln zwischen den Beinen, teils konzentrierten seine Berührungen sich immer stärker auf ihr Lustzentrum, ihre Perle, von der Marsh den Eindruck hatte, dass diese gleich platzen musste. Geschickt hatte Simon ein Kissen unter ihren Po geschoben, als sie ihr Becken wieder gehoben hatte, damit er sie intensiver streicheln konnte. Seine Finger kreisten jetzt um ihre Klit, als ob sie Raubtiere wären, die das Wild einkreisten – nur, dass dieses Wild ihnen mit dem größten Vergnügen in die Klauen fiel. Als seine Fingerspitze sie vorsichtig direkt streichelte, stöhnte Marsh auf. Ihre Beine waren bereits bis zum Äußersten gespreizt, sie wusste fast nicht mehr, wohin damit. Zischend stieß sie ihren Atem aus, als seine Hände sie noch mehr entfachten: Seine freie Hand schob sich unter ihren Po, um ihre Backen zu kneten und zu massieren, während die andere Hand an ihrem empfindlichsten Punkt verweilte, ihn umkreiste, reizte, darüber strich und dann wieder fest daran rieb. Immer wieder verließ er diesen Punkt, um ihre Haut drumherum zu massieren, während Marsh dann wimmerte. Einerseits war es eine Folter, dass er ihre Kirsche nicht mehr reizte, andererseits merkte sie, dass dadurch, dass er sich nicht nur einem Punkt, sondern ihrer ganzen Intimzone widmete, sie nur noch schärfer wurde. Verzweifelt rotierte sie mit ihrem Becken, als ob sie seine Finger wieder einfangen müsse, damit sie dort weitermachten, wo sie Marsh hinterlassen hatten: auf dem Weg zu einer hohen Welle, hoch hinauf.

Simon schien das zu wissen, denn mit beruhigender Regelmäßigkeit kehrte er zu ihrem geschwollenen Kitzler zurück, um ihn weiter zu reizen. Mit der Zeit spürte Marsh, dass einer seiner Finger dabei ein klein wenig in sie hinein schlüpfte, kurz dort verweilte und sofort wieder hinausglitt. Bevor Simon fragen konnte, ob das okay für sie war, stieß sie mit heiserer Stimme hervor: »Mach weiter so!« Sie meinte, ihn lächeln zu spüren, doch er sagte nichts. Und zu diesem Zeitpunkt war ihr inzwischen völlig egal, was er über sie denken mochte. Sein Finger glitt wieder in sie, diesmal ein Stückchen tiefer, bevor er wieder verschwand. Es machte sie fast verrückt. Atemlos wartete sie auf das nächste Eindringen und hob wieder ihr Becken. Diesmal spürte sie, wie er dabei seine Hand drehte, sodass seine Fingerspitze nach oben zeigte. Sein Finger war leicht gekrümmt, als ob er ausdrücken wollte, komm her zu mir. Marsh fühlte seinen Finger in sich, der sie langsam massierte. Es war unglaublich! Sie verharrte zunächst still, um sich an das ungewohnte Gefühl zu gewöhnen. Dann spürte sie seine anderen Finger, die mit den Knöcheln weiter von außen auf ihre Beckenmuskeln drückten, rhythmisch, wie ein Pochen. Und dann sein Daumen, dessen Spitze immer wieder ihre Klit streifte.

Marsh keuchte. Sie spürte das Blut, das sich in ihrem Becken sammelte, es schwer werden ließ. Gleichzeitig schienen ihre Brüste noch weiter anzuschwellen. Simon war jetzt in ein sanftes, rhythmisches Stoßen übergegangen. Sein öliger Finger glitt in ihr hin und her, massierten sie von innen, fuhr in ihr auf und ab, dass Marsh ihre Finger in das weiche Tuch unter sich krallte und bei jedem Stoß aufstöhnte. Simons Bewegungen intensivierten sich, wurden ausholender, Marsh spürte, dass sein Körper mitging, sie ließ ihr Becken heftig rotieren, um jeden Stoß abzufangen. Was er mit seinem Finger in ihr machte, brachte sie zum Vibrieren – und jedes Mal, wenn sie dachte, sie würde gleich explodieren, veränderte er seine Stellung ein winziges bisschen und sie hielt noch länger aus, flog noch höher. Ihr Verstand hatte sich längst verabschiedet, sie empfand sich als eine einzige lustvolle Masse, die nicht mehr denken konnte, sondern sich nur noch auf das Hier und Jetzt konzentrierte und nicht mehr aufhören konnte zu stöhnen und sich im Takt von Simons Finger zu bewegen.

Als sie kam, war sie über die Wucht überrascht. Sie öffnete ihren Mund zu einem lautlosen Schrei, bäumte sich auf, bog den Rücken durch und schien die Luft anzuhalten, während Simon sie sanft weiter mit seinen Händen massierte und mit seinem Finger in sie stieß. Erst, als ihr Zucken und Beben allmählich verebbte, wurden auch seine Bewegungen langsamer, bis er langsam seine Hände von ihr nahm. Marsh blieb atemlos keuchend liegen, sie konnte sich fast nicht rühren. Was hatte sie getan? Sie war vor einem fremden Mann explodiert?

Simon schien zu spüren, dass sie allmählich zu sich kam. Leise lächelnd sagte er: »Marsh, ich bedanke mich bei dir. Ich werde nun gehen. Deine Freundin Linda wird die Sachen wieder abholen. Ich wünsche dir noch einen schönen Abend.« Sie hörte Schritte, dann die Wohnungstür, die zuklappte. Sie war nicht einmal fähig gewesen, sich bei ihm zu bedanken! Mit einem schlechten Gewissen entfernte sie die Augenbinde. Mittlerweile war es draußen dunkel geworden, und nach einem Blick auf ihre Uhr stellte sie fest, dass das Ganze etwa eine Stunde gedauert hatte.

Ihr Telefon klingelte. Marsh fühlte sich seltsam frei und sehr wohl in ihrer Haut, als sie abhob und Linda fragen hörte: »Na, Süße, wie wars.«

»UNGLAUBLICH.«

Lingam Massage

Markus hatte noch nie zuvor von erotischen Massagen gehört. Natürlich hatte er schon mehrmals Sex gehabt, der für ihn bei jedem Mal wunderbar entspannend gewirkt hatte. Aber erotische Massagen – wurde das nicht auch auf eine gewisse Weise in einem Bordell angeboten, nur speziell für das freudigste Körperteil des Mannes?

»Das siehst du falsch, mein Freund.«

David saß ihm in einem kleinen Café gegenüber. Er tunkte gerade einen trockenen Keks in seinen Cappuccino, was Markus immer irritierte, weil er das für eine eher weibliche Angewohnheit hielt.

»Sondern?«

»Da geht es um Spiritualität, Tantra, und diese Massage ist voll auf den Mann abgestimmt, mit einer nackten Frau als Masseurin. Aber ohne Ficken.«

»Nackte Frau? Und dann kein Sex? Was soll daran entspannend sein?«

Markus schüttelte den Kopf.

»Das, was sie mit dir macht.« David schob sich die letzten Kekskrümel in den Mund. »Sie massiert dich, von oben bis unten, und wenn du willst, gibt es noch,« hier malte er mit den Fingern Anführungszeichen in die Luft, »Handentspannung. Die machen das ganz gut. Ziel ist nicht, dass du so schnell wie möglich explodierst, sondern das so lange wie möglich rauszögerst. Echt cool.«

»Und was soll das bringen?«

»Es ist viel intensiver. Irgendwann genießt du jeden Moment.«

»Hm.«

***

Markus und David kannten sich schon seit einer Ewigkeit. Sie hatten zusammen den Schulabschluss gemacht, danach ihre Ausbildungen und den Kontakt nie ganz abreißen lassen. Wenn es um Frauen ging, tauschten sie sich aus. Markus wusste von Davids aktuellen Freundin, dass sie auf so spirituelles Zeug stand – aber dass es gleich so schlimm wurde, dass David sich davon anstecken ließ, hätte er nicht gedacht. Er war skeptisch.

»Wieso hat Paula dich nicht massiert? Das wäre kostenlos gewesen.« Er grinste, um seine Skepsis zu verbergen.

»Ganz einfach. Sie hat keine Ausbildung dafür. Sie kann es nicht.«

Ausbildung? Markus verstand gar nichts mehr. David erklärte ihm, dass es tatsächlich eine Ausbildung für diesen Bereich gebe, die sich sowohl auf die körperlichen als auch auf die spirituellen Aspekte konzentrieren würde. »Sie selbst geht zu einer Yoni-Massage, wenn sie das Bedürfnis danach hat.«

»Sieht es bei euch schon so schlecht aus? Innerhalb kurzer Zeit kein Sex mehr?«

David blieb geduldig. Er erklärte noch einmal die Hintergründe und meinte zum Schluss: »Junge, probier es einfach mal selbst aus. Lohnt sich.« Und fügte leise hinzu: »Danach hältst du viel länger durch, wetten?«

Verdammt. David war der Einzige, der von Markus' Problemen wusste, viel zu früh zu kommen. Meistens hatte die Frau, die er gerade fickte, noch nicht mal Fahrt aufgenommen. Weshalb die One-Night-Stands eben solche blieben, selbst wenn er ernsthafteres Interesse an einer Frau hatte. Aber welche war bereit, ein zweites Mal zu vögeln, wenn sie nie zum Zug kam? Markus wurde nachdenklich. Könnte diese Massage eine Lösung sein? Er sah nicht schlecht aus, Frauen flogen zwar nicht sofort auf ihn, aber wenn er seinen Charme spielen ließ, hatte er relativ gute Chancen. Er war schlank, groß, blond, normales Gesicht, normale Statur, nichts Aufregendes. Mit bald 30 Jahren hätte er nach Ansicht seiner Mutter längst verheiratet sein sollen, aber er hatte zum einen noch nicht die Richtige gefunden, zum anderen wollte er nicht.

***

Er ließ sich von David die Adresse und Telefonnummer des ominösen Massage-Studios geben. Wenn er wieder mal Druck hatte, könnte er sich das ja ansehen. »Du musst einen Termin ausmachen,« warnte David ihn. »Die sind lange ausgebucht.«

Markus verdrehte die Augen. Okay, dann würde er einen Termin ausmachen.

Sie verabschiedeten sich in dem Wissen, dass sie sich kommende Woche wieder sehen würden. Es war mittlerweile ein Ritual, sich immer am gleichen Wochentag zu treffen. Selbst die Beziehung zwischen David und der neuen Freundin konnte dem nichts anhaben, jedenfalls hoffte Markus das. Er stieg in seinen Wagen und fuhr nach Hause. Sein Job als Broker verlangte von ihm einiges: Er brauchte Geduld, starke Nerven, Schnelligkeit und Konzentration. Manche Kunden waren sehr anstrengend, wenn es ihnen nicht schnell genug ging, versuchten sie ihm die Hölle heißzumachen. Aber er war auch ein Verkäufer, Schauspieler und Psychologe. Er konnte durch das Telefongespräch an der Stimme der Kunden erkennen, wenn irgendetwas nicht in Ordnung war. Dann fragte er nach. Meistens machten sie sich Sorgen, weil die Banken langsam arbeiteten und sie auf so manche Transaktionen warten mussten. Dann war es seine Aufgabe, sie zu beruhigen, ihnen

Mut zuzusprechen und zuversichtlich zu sein. Oft arbeitete er bis spät abends, nur den Freitag hielt er sich ab dem späten Nachmittag frei, um sich mit Dave zu treffen. Ab 17 Uhr lief sowieso nicht mehr allzu viel an den Börsen.

***

David hatte ihn nachdenklich gemacht. Als Broker brauchte man ein dickes Fell, was nicht ständig möglich war, sodass Entspannung auf die eine oder andere Weise immer wichtiger wurde. Warum also eigentlich nicht durch eine erotische Massage? Vor allem der Nebeneffekt, den Dave genannt hatte, dass Mann dadurch lernte, länger beim Sex durchzuhalten, interessierte ihn. Markus nahm sich vor, sich zu Hause im Internet zu informieren, was ihn überhaupt erwartete.

Er stellte seinen Wagen in der Garage ab und stieg die Stufen zur Hintertür hoch. Seitdem seine Mutter verstorben war, lebte er alleine in dem Reihenhaus mit dem winzigen Vorgarten. Manchmal, wenn er eine Frau hier empfing, sah er schon deren Augen glitzern bei den Gedanken, was sie alles hier verändern würde, wenn sie Mrs. Gonders sein würde. Doch dazu ließ er es nie kommen.

In seinem häuslichen Arbeitszimmer setzte er sich an den Computer und suchte nach Erklärungen, was erotische Massagen alles beinhalteten. Wieder schüttelte er enttäuscht den Kopf, wenn auf den verschiedenen Webseiten stand, dass kein GV (er musste die Abkürzung nachschlagen und fand heraus, dass sie Geschlechtsverkehr bedeutete) angeboten wurde. Trotzdem waren die Rezensionen durchweg positiv. Natürlich konnten die Kommentare auch gefaked sein, aber so viele?

»Das Wort Lingam kommt aus dem Sanskrit. Es bezeichnet Penis, Hoden und Prostata als Ganzes. Bei der Lingam-Massage wird in allererster Linie angestrebt zu entspannen und die Wahrnehmung zu erweitern. Um das zu erreichen, soll der

Mann seinen Orgasmus möglichst lange hinauszögern und erleben, dass er alle Berührungen intensiver wahrnimmt. Ein Orgasmus wird nicht garantiert oder angestrebt.«

Das las Markus auf einer der Webseiten von Massage-Salons, die erotische Massagen anboten. Offensichtlich hatte sein Freund David recht, wenn er meinte, man würde lernen, länger durchzuhalten. Allein die Tatsache, dass ein Mann seinen Orgasmus so lange wie möglich hinauszögern sollte, erstaunte Markus. War so etwas überhaupt möglich? Er las noch etwas über den ungefähren Ablauf: Vorgespräch, dann Ausziehen, um den Alltag sozusagen abzustreifen – was er tatsächlich gebrauchen konnte – dann langsame Heranführung an die Massage. Er las auch etwas über eine Ganzkörpermassage und dachte bei sich, dass er spätestens dann, wenn eine Frau nackt und ölig auf seinem Körper herumrutschen würde, seinen Ständer mit Sicherheit nicht mehr unter Kontrolle hätte. Insgesamt machte diese ganze Sache ihn sehr neugierig. Er suchte nach dem Zettel mit Adresse und Telefonnummer des Massagesalons, den David ihm empfohlen hatte. Dann griff er zum Telefon.

»Hallo? Bin ich bei Ihnen richtig in Bezug auf erotische Massagen?«

»Ja, das sind Sie.« Die freundliche Stimme am anderen Ende gehörte zu einer offensichtlich jungen Frau.

»Ich hatte noch nie eine solche Massage und würde das gerne kennenlernen.«

»Ja, gerne. Möchten Sie einen Termin zum Vorgespräch ausmachen und einen zweiten dann, wann Sie massiert werden möchten? Oder alles in einem?«

Markus dachte kurz nach. Eigentlich tendierte er dazu, zwei Termine auszumachen, um es sich nochmals überlegen zu können. Andererseits war seine Zeit stets begrenzt.

»Einen Termin, bitte.«

Die junge Frau schlug ihm einen Tag in etwa drei Wochen vor.

»Was? So spät erst?« Sein bester Freund in seiner Hose sollte sich so lange gedulden?

»Es tut mir leid,« bedauerte sie. »Bis dahin ist bereits alles ausgebucht. Ich kann Ihnen nur anbieten, Sie anzurufen, falls kurzfristig jemand absagt.«

So kurzfristig würde er jedoch nicht einspringen können.

»Nein, ist okay, machen wir den Termin in drei Wochen.«

Die Frau trug seinen Namen ein, nannte ihm die Uhrzeit und wünschte ihm bis dahin eine schöne Zeit. Schöne Zeit, ha, dachte Markus, als er auflegte. Nun war ich schon mal bereit, von den Damen beglückt zu werden, und muss mich auch noch gedulden.

Resigniert schenkte er sich einen Drink ein. Bis zu dem Termin hatte er zumindest nochmals Gelegenheit, David ein bisschen über das Treiben dort auszuquetschen, um zu wissen, was dort wirklich ablief.

***

»Ist es wenigstens möglich, wenn eine von den Frauen einem Kunden gefällt, sie nach der Arbeit zu buchen?«

Sie saßen sich wieder in dem Café gegenüber. David genoss seinen Cappuccino, Markus trank eine große schwarze Tasse Kaffee.

»Meinst du, so wie bei einem Escort-Service?«, fragte David zurück. Er hob eine Braue und sah Markus leicht spöttisch an.

Dieser zuckte mit den Achseln. »Ich meine ja nur …«

»Ich weiß nichts davon. Ich glaube aber nicht. Die Frauen sind Angestellte, keine Prostituierten. Sie geben sich Mühe dabei, einen Mann intensiv fühlen und entspannen zu lassen, ohne mit ihm Geschlechtsverkehr zu haben. Wenn man eine von diesen Frauen privat treffen will, dann denke ich, läuft das auch nur privat.«

»Hm.« Markus war leicht enttäuscht. Er konnte es sich noch immer nicht vorstellen, ohne Sex eben Sex zu haben. Wahrscheinlich lief es wirklich darauf hinaus, dass er bis zu dem Termin warten musste.

***

In den drei Wochen, die Markus auf seinen Termin wartete, war er von einer ungewohnten Unruhe erfüllt. An einem Abend ging er noch einen Absacker in einer der angesagten Kneipen trinken. Er ging an den Tresen, bestellte sich einen Scotch und sinnierte über seine Arbeit nach, als eine hübsche Frau ihm auffiel, die so wie er alleine auf einem Hocker saß und sich an ihrem Glas festhielt. Er beobachtete sie aus den Augenwinkeln, neugierig darauf, ob sie jemanden erwartete. Als auch nach einer halben Stunde niemand kam, war er erstaunt. Sie hatte ein nachdenkliches Gesicht, ihre Figur war üppig, aber dennoch attraktiv. Was brachte eine Frau dazu, alleine in eine Kneipe zu gehen?

»Einfach, um einen Absacker zu trinken,« antwortete sie und sah ihn dabei aus dunklen Augen an. Erst jetzt merkte er, dass er den Gedanken laut ausgesprochen hatte. Sie musste ihn für einen Macho halten.

»Entschuldigung. Ich wollte das nicht laut sagen.«

»Schon gut.« Sie zuckte mit den Schultern.

»Ich finde es nur ungewöhnlich, ohne negative Wertung. Im Gegenteil. Sie entsprechen jedenfalls keinem Klischee,« versuchte Markus seine Bemerkung zu erklären. Sie hob lediglich eine Augenbraue und warf ihm einen zweifelnden Blick zu.

»Schließlich gehe ich auch hierher, um nach der Arbeit noch was zu trinken, warum also nicht auch Sie?«

»Weil ich eine Frau bin?« Jetzt wandte sie sich ihm zu, ein spöttisches Funkeln in den Augen.

»Eine hübsche Frau,« ergänzte er lächelnd.

»Was hat ein Absacker mit dem Aussehen zu tun? Bewerte ich Ihren Absacker mit Ihrem Aussehen?«

Oha. Die Sache wurde kritisch, und Markus wusste nicht, was er darauf noch antworten sollte. Nach einer Weile seufzte er und sagte: »Sie haben völlig recht. Ich bin ein Idiot.«

»Jep.«

Sie stellte ihr Glas ab, zog einen Geldschein aus der Tasche und legte ihn auf den Tresen, dann rauschte sie an Markus vorbei, ohne ihn eines Blickes zu würdigen. Er war noch immer teils erstaunt, teils beschämt über die Szene. War er wirklich so ein Idiot? Als er sich selbst so bezeichnet hatte und dabei zerknirscht tat, hatte er gehofft, dass sie einlenken und sagen würde, na ja, nicht so schlimm, ist okay, und sie hätten sich kennenlernen und vielleicht sogar einen netten Abend miteinander verbringen können. Aber einfach so abzuhauen? Er wurde etwas sauer. Für was hielt die sich?

***

Als er David von der Geschichte erzählte, sah der ihn amüsiert an. »Junge, du kapierst es nicht, was?«

»Was?« Statt ihm die Stange zu halten, schlug David sich auch noch auf die Seite dieser Feministin?

»Hättest du einem Kerl das Kompliment gemacht, dass er hübsch sei?«

»Nö, natürlich nicht!«

»Und warum nicht?«

»Na, weil es ein Kerl ist! Was soll die Frage?«

»Hättest du bei einem Kerl gefragt: Was bringt einen Mann dazu, alleine in eine Kneipe zu gehen?«

»Nein.«

»Hättest du einem Kerl gönnerhaft das Recht zugestanden, auch einen Absacker zu sich zu nehmen?«

»Gönnerhaft?«

»Jep.«

»Hm. Ach verdammt. Ich hab es vermasselt.«

»Hast du.«

»Was mach ich bloß falsch?« Er hatte die Frau aufreißen wollen, wenigstens für die eine Nacht. Allein bei dem Gedanken hatte sein Schwanz sich geregt gehabt, als er ihren üppigen Busen gesehen hatte. Er hatte sich vorgestellt, sich zwischen ihren Brüsten zu reiben, die Spitze sollte immer wieder zwischen ihren Lippen landen oder zumindest von ihr geleckt werden …

»Alles.«

»Jetzt hilf mir!«

David erklärte ihm geduldig etwas über Wertschätzung, Frauen, die auch Menschen waren und es – wie er selbst erfahren hatte – hassten, von oben herab behandelt zu werden. Markus verstand erst mal nur die Hälfte und fragte immer wieder nach. Zum Schluss hatte David den Eindruck, dass er es kapiert hätte und erhob sich.

»Am besten wartest du wirklich den Massagetermin ab. Bei mir hat es was verändert, zum Positiven hin, jedenfalls sagt Laura das. Bis denn!« Er klopfte mit den Knöcheln auf den Tisch, steckte beim Hinausgehen der Kellnerin den fälligen Betrag in die Hand und ging.

Markus seufzte. Anscheinend stellte er sich dämlicher an, als er selbst gedacht hatte. Er trank seinen Kaffee aus, zahlte ebenfalls und fuhr nach Hause.

Der Porno, den er sich dort per DVD reinzog, reichte ihm gerade zum Wichsen aus, danach ging er zu Bett – körperlich zwar befriedigt, innerlich jedoch nicht.

***

Als der Termin im Salon näher kam, las Markus noch einmal auf der Webseite nach, ob er etwas mitbringen musste.

»Bitte säubern Sie sich sehr gründlich, bevor Sie zur Massage kommen, vor allem im Genitalbereich und am Po. So wie wir darauf achten, angenehm rein zu sein und gut zu riechen, so erwarten wir das Gleiche auch von unseren Kunden, damit es ein gegenseitig angenehmes Zusammensein auf Augenhöhe wird.«

Hui, hui, hui! Markus hob die Brauen. Natürlich musste er auf sein Äußeres achten, allein aufgrund seines Berufes. Dazu gehörte die tägliche Dusche und Rasur. Wenn dieser Umstand so explizit erwähnt wurde, musste es schon ein paar Schweine gegeben haben, die stinkend dort aufgetaucht waren. Er würde trotz seiner Hygiene darauf achten müssen, sich kurz vor dem Termin nochmals unter die Dusche zu stellen. Ansonsten fand er nichts, was er wie zum Beispiel beim Besuch bei einem Physiotherapeuten mitzubringen hatte. Vielleicht für die Dusche danach, um das Öl abzuwaschen, ein paar Sachen? Er beschloss, seine Sporttasche zu packen. Insgeheim war er nun sehr gespannt auf das Erlebnis und entdeckte, dass er sich inzwischen sogar darauf freute.

Zwei Tage später fuhr er früher als sonst nach Hause, um Zeit zum ausgiebigen Duschen und Anziehen zu haben. Dann packte er ein Badetuch und Duschzeug sowie Kamm und einen kleinen Föhn in seine Sporttasche. Seinen obligatorischen Anzug hatte er jetzt mit einer sauberen Jeans und einem weißen T-Shirt getauscht. Ein letzter Blick in den Spiegel, noch einmal in die Achselhöhlen schnuppern – fertig. Er machte sich auf den Weg.

Die Adresse fand er leicht und stellte seinen Wagen in der Nähe ab. Die Sporttasche schulterte er bis zur Tür des Salons, die er interessiert musterte. Sie war aus massivem Holz und in bunten Farben gestrichen; jede Kassette in einer anderen leuchtenden Farbe. Daneben fand er eine Klingel mit der

Aufschrift: Santantre Massage Salon. Es summte, er trat ein und wurde von angenehmen Düften und leiser Musik empfangen. Eine asiatisch aussehende junge Frau saß hinter einem Schreibtisch und tippte etwas in den Computer ein, drehte sich zu ihm um und lächelte ihn strahlend an.

Markus stellte sich höflich vor, sie sah in dem Kalender nach und bat ihn, Platz zu nehmen. Er merkte, dass er ungeduldig war – hatte er nicht einen Termin extra deswegen ausgemacht, weil er nicht warten wollte? Doch kaum, dass er saß, wurde er bereits von einer kleinwüchsigen Blonden abgeholt, die ihn herzlich anlächelte. Markus fragte sich, ob er sich seine Masseurin eigentlich hätte aussuchen dürfen, so wie man sich als Freier im Bordell eine Frau aussuchte. Aber nach seinen letzten Erfahrungen in der Kneipe und dem Gespräch mit David hielt er besser den Mund und folgte ihr.

Sie führte ihn in einen viereckigen Raum mit hoher Decke, der zwar riesig war, doch aufgrund der in warmen Farben gestrichenen Wände und den im Raum verteilten Pflanzen nicht so wirkte. In der Mitte des Raumes lag eine große bequeme Matte auf dem Boden, mit Decken darauf. Das Licht war angenehm gedämpft, jedoch hell genug. Ein kleiner Tisch mit zwei Stühlen stand in einer Ecke, in einer anderen befand sich eine weitere Tür. Markus stand mit seiner Sporttasche da und fühlte sich unsicher, doch die Blonde nahm ihm mit ihrem freundlichen Lächeln die Befangenheit.

»Mein Name ist Kaitleen. Wenn du nichts dagegen hast, dann können wir uns duzen, ja?« Markus nickte.

»Du kannst deine Tasche gerne hier abstellen. Wir besprechen uns ja zuerst einmal. Bitte, setz dich doch!« Sie lud mit einer Geste zu den Stühlen ein.

Während Kaitleen ihm erklärte, worum es bei der Lingam-Massage ging, hörte Markus ihr kaum zu. Fast alles hatte er bereits auf verschiedenen Webseiten gelesen. Er machte an den richtigen Stellen ›Aha‹ und ›Hm‹, lächelte und nickte, während er sie betrachtete. Sie machte auf den ersten Blick einen unscheinbaren Eindruck, weil sie so klein und zierlich war. Ihr blondes Haar hatte sie am Hinterkopf zu einem Knoten geschlungen, ihre Hände gestikulierten, während sie erklärte. Markus fand ihre Augen schön, sie waren grün und lächelten ihn an, selbst wenn ihr Mund nicht lächelte. Insgesamt fand er sie sehr sympathisch und fühlte sich bereits jetzt seltsam vertraut mit ihr, obwohl er sie erst seit 15 Minuten kannte.

»Es ist wichtig, dass du mir sagst, was du empfindest, wie es dir geht, ob etwas angenehm oder unangenehm ist. Dann kann ich entsprechend reagieren, verstehst du?« Markus nickte, fasziniert von ihrer Fähigkeit, innerhalb kurzer Zeit eine angenehme vertraute Atmosphäre herzustellen.

»Gut. Hast du noch Fragen?«

Markus überlegte. Er hätte sie gerne gefragt, ob sie nach ihrer Arbeit mit ihm ausgehen und dann mit zu ihm nach Hause gehen würde – aber auch das unterließ er jetzt lieber. Davids Stimme ermahnte ihn: »Erst mal abwarten, alter Junge.« Also schüttelte er den Kopf und erwiderte ihr Lächeln.

»Okay. Wir sprechen auch während der Massage immer wieder miteinander, wenn du das möchtest. Ich werde auch nachfragen. Okay? Dann lass uns beginnen.«

Sie ging zu einer kleinen Musikanlage und wechselte die CD. Dann forderte sie Markus auf, sich auszuziehen und tat es ihm nach. Markus war überrascht, konnte sich jedoch rechtzeitig daran erinnern, dass das auf der Webseite stand, dass alle nackt waren, bevor er einen flapsigen Spruch losließ. Ihre Brüste waren wie vermutet ziemlich klein, was eher nicht sein Fall war, trotzdem fand er diese Frau attraktiv und sinnlich, wie sie so selbstbewusst dastand und ihn aufforderte sich hinzulegen. Sie holte ein paar Flaschen mit einer öligen Flüssigkeit von einem Regal und stellte sie neben der Matte ab. Markus beobachtete, wie sie sich oberhalb seines Kopfes auf die Knie sinken ließ und seinen Augenkontakt suchte. Dann lächelte sie.

»Ich möchte gerne zuerst dein Gesicht massieren. Magst du?«

Markus nickte und spürte ihre kühlen Fingerspitzen auf seiner Stirn, seinen Wangen und dann auf seinem Kinn. Sie massierte in kleinen Kreisen, versetzte die Finger immer wieder und knetete dabei sein ganzes Gesicht. Markus merkte richtig, wie angespannt seine Gesichtsmuskeln sein mussten, wenn ihm schon diese Geste wohltat. Er schloss die Augen.

Dann klapperten die kleinen Flaschen und er merkte, dass sie etwas Öl auf ihre Fingerspitzen gegeben hatte. Es roch gut.

Ab und zu öffnete er die Augen und warf einen Blick auf ihre nackten, kleinen Brüste. Ihre Nippel waren entspannt, so wie die ganze Frau. Unwillkürlich stellte er sich vor, wie sie im erigierten Zustand aussehen würden, wie überhaupt die ganze Frau in erregter Geilheit aussehen und sich verhalten würde, und bekam einen kleinen Ständer. Schnell schloss er wieder die Augen und hörte das Lächeln in Kaitleens Stimme, als sie sagte: »Bitte dreh dich jetzt um. Ich werde deine Schultern, Rücken, Beine und Po massieren.« Leicht enttäuscht, dass sie nicht gleich zu seinem Ständer überging, wenn der doch so offensichtlich winkte, drehte Markus sich um und begrub ihn fürs Erste. Er legte den Kopf auf die Arme. Kaitleen träufelte Öl auf seine Schultern und den Rücken, dann verteilte sie es mit kräftigen Strichen. Sie knetete seine Schultermuskeln, die völlig verspannt waren, sodass er ächzte und sich fragte, wie eine solch kleine Person so kräftig sein konnte. Seine Rückenmuskeln schienen einzeln in ihren kleinen Händen durchmassiert zu werden, jedenfalls fühlte es sich so an. Himmel, wenn sie mit seinem besten Stück genauso verfuhr, was dann? Schweiß trat ihm auf die Stirn. Doch er blieb stumm, selbst wenn sie fragte, ob etwas okay sei. Er nickte nur, weil er auch spürte, dass seine Muskeln warm wurden von ihrer Arbeit und wenn sie von ihnen abließ, so weich wie Butter schienen. Offensichtlich wusste sie, was sie tat. Er konnte sich also vertrauensvoll in ihre Hände begeben und schloss die Augen, während sie sich weiter nach unten zu seinen Beinen arbeitete. Dort schüttelte sie seine Oberschenkel, als ob sie Wackelpudding wären, massierte sie und goss immer wieder Öl auf seinen Körper. Irgendwann fühlte er sich glitschig wie ein Fisch. Jedenfalls stellte er sich einen Fisch so vor. Seine Gedanken drifteten zu Fischen ab, die in Öl brieten und er überlegte solidarisch, wie die sich so fühlen würden in dem ganzen Öl?

Kaitleen ging dazu über, seine Pobacken zu massieren, mit kleinen kreisenden Handbewegungen, was seinen versteckten Freund wiederum anregte. Markus spürte das Blut, das langsam in seine Lenden floss, eigentlich ein angenehmes Gefühl, aber in dieser Situation doch irgendwie peinlich? Aber halt: Er war doch genau deswegen da?

Als Kaitleen ihn bat, sich umzudrehen, gehorchte er mit etwas rotem Gesicht. Sie blickte lächelnd auf sein Glied, das sich bereits so munter regte, dann sah sie ihn herzlich an.

»Markus. Es gibt nichts, weshalb du dich schämen müsstest. Du bist hier, um Sinnlichkeit zu genießen, intensiv zu empfinden und zu lernen, das immer länger auszuhalten und das Happy End hinauszuzögern. Verstehst du?«

»Okay.« Markus schloss wieder die Augen. Er hatte den Eindruck, dass er besser fühlen konnte, wenn er nicht sah. Er versuchte, sich auf die Musik und Geruch der Öle zu konzentrieren, dann auf Kaitleens Bewegungen, die er eher ahnte als spürte, weil sie sich gerade umsetzte. Als wieder Öl auf seine Haut troff, zuckte er etwas zusammen und lächelte.

Sie verteilte wieder das Öl, dann strich sie über seine Arme, von oben nach unten, und über die Hände und Finger. Markus fand das ungewöhnlich; er blinzelte, um sie zu beobachten, sagte jedoch nichts. Sie wechselte zu seinem anderen Arm, zog ganz leicht daran, was bewirkte, dass Markus ihn als leichter empfand. Irgendwie stieg so etwas wie ein Gluckern in ihm auf – musste er jetzt tatsächlich kichern? Kaitleen sah ihn an, dann lachten beide auf. Wenn bis dahin noch eine leichte Anspannung auf Markus lag, dann war sie jetzt weg. Es war ihm egal, was Kaitleen angesichts seines wachsenden Ständers dachte, er fand sie schön und es schien sie nicht zu stören. Sie massierte seine Brust und den Bauch vorsichtig, dann strich sie um seine Lenden herum und widmete sich abermals seinen Beinen, bevor sie zu seiner Körpermitte zurückkehrte. Verschmitzt lächelte sie ihn an.

»Möchtest du?«

»Ja, BITTE!«

Sie lachten wieder. Kaitleen näherte sich jedoch auf Umwegen seiner Latte. Sie strich sanft über die Innenseite seiner Oberschenkel, dann massierte sie behutsam seine Eier. Markus schloss die Augen. »Genieße es. Was fühlst du?«, hörte er Kaitleens Stimme.

»Dass du meine Eier massierst?«

Sie gluckste. »Ich weiß, was ich tue. Ist es angenehm, wundervoll, furchtbar, schmerzhaft?«

Ach so.

»Furchtbar wundervoll …«

Der Humor tat gut, er trug zur Entspannung bei. Als Kaitleen von seinen Hoden abließ und sich in Richtung seines Anus bewegte, fragte sie, ob er das mag.

»Ich bin nicht sicher.«

»Möchtest du es ausprobieren?«

Markus zögerte. Dann sagte er Nein und wollte zu einer Rechtfertigung ansetzen, doch sie unterbrach ihn sanft.

»Völlig okay. Keine Rechtfertigung.« Sie bewegte ihre Hand über seine Leiste, dann streifte sie wieder seine Eier und umfasste seinen hart pulsierenden Penis. Markus stöhnte auf.

Kaitleen ergriff die Ölflasche und träufelte einiges von deren Inhalt über seine Eichel. Für Markus war dieses Gefühl so erregend, dass er zuckte. Kaitleen lächelte, als sie es sah, sagte jedoch nichts. Sie ergriff mit beiden Händen seinen Stab, als ob sie ihn zwischen ihren Handflächen rollen wollte. Das Öl lief ihm an allen Seiten runter und rann zwischen seinen Beinen auf die Tücher. Es kitzelte. Markus starrte auf die Brüste seiner Masseurin, sie schwangen hin und her, während sie ihre Hände bewegte. Sie fuhr mit beiden Handflächen, die jetzt völlig glitschig waren von dem Öl, an seinem Penis auf und ab, dann machte sie tatsächlich diese leicht rollende Bewegung wie bei einem Stab. Es war ein komisches Gefühl, und je öfter sie es machte, desto erregender fand Markus es.

Er begann, ein wenig seine Hüften zu bewegen, in ihre Hände hinein zu stoßen, doch da hörte sie auf und nahm die Hände von ihm.

»Nein, Markus. Du bist der Passive, ich bin aktiv. Deine einzige Aufgabe ist, deinen Empfindungen nachzuspüren, deiner Lust auf den Grund zu gehen und sie intensiver als sonst zu spüren. Und vor allem, nichts zu tun. Es geht darum, die Spiritualität hinter all dem zu fühlen und so lange wie möglich einen Orgasmus hinauszuzögern. Verstehst du das?«

Markus nickte kleinlaut. Er sollte also alles mit sich machen lassen, das verstand er zwar, doch wie sollte er seine Hüften daran hindern, sich wie ferngesteuert zu bewegen?

Kaitleen fragte ihn, ob er die Augen schließen würde, um sich besser konzentrieren zu können. Er gehorchte.

Ihre Hände kehrten zu seinem Körper zurück. Die Fingerspitzen strichen über seine Oberschenkel bis zu seinen Leisten, dann verweilten sie sanft kreisend auf seinem Bauch, was wieder kitzelte und ihn zum Lachen brachte. Er spürte, wie sie mehrmals über seine Hüftknochen strich, dann seine Eier umfasste, bis er leise knurrte. Es war so erregend, auf diese Weise massiert zu werden. Sie tat es ausgiebig, strich mit einem Finger zwischen Hoden und Anus hin und her, was seine Lust weiter steigerte. Aber halt, es war doch seine Aufgabe, so lange wie möglich durchzuhalten? Wie machte Mann das? Markus kniff die Augen zusammen und versuchte, an etwas Unverfängliches zu denken, während Kaitleen weiter seinen Damm sanft massierte und knetete. Doch es war schwierig: Ihre Stimulation löste eine Lust in ihm aus, die er so noch nie gekannt hatte. Er keuchte. Sofort gingen ihre Hände zu der Innenseite seiner Oberschenkel, über die sie sanft strich und sich nur langsam wieder seinem Penis näherte. Markus beruhigte sich etwas, doch er spürte diese innere Anspannung wie eine freudige Erwartung. Dadurch, dass er seine Augen geschlossen ließ, konnte er tatsächlich alles viel intensiver fühlen. Die sanften Hände schoben sich unter sein Gesäß, kneteten seine Pobacken, sodass sein Schwanz wippte. Ein Blick nach unten bestätigte Markus, dass er wegen des Öles unglaublich glänzte und hart wie ein Rohr war. Die massierenden Hände schoben sich wieder nach oben, umfassten seinen Stab und fuhren daran entlang, doch Kaitleen machte es anders als er: Sie ließ los, sobald sie bei seinen Hoden angekommen war, und setzte wieder oben an seiner Spitze an, jede Hand abwechselnd. Es war ein unglaubliches Gefühl!

Markus spannte seine Pobacken an, sein Penis schmiegte sich in Kaitleens Hände und schien noch immer zu wachsen – was sie zu merken schien, denn wieder ging sie dazu über, seine Eier zu massieren, sanft daran zu ziehen, sie zu wiegen und regelrecht zu bearbeiten. Markus fragte sich allmählich, woher sie wissen konnte, wann seine Lust kurz vor der Explosion schien, denn er sagte ja nichts. Er nahm sich vor, sie später zu fragen – ihre Hände lenkten ihn davon ab, weil sie wieder diese empfindsame Stelle zwischen Hoden und After streichelten, massierten, drückten, als ob sie wüssten, was das in ihm bewirkte!

Markus atmete schwer und stöhnte unterdrückt. Er wusste nicht, wie lange er das noch aushalten konnte. Aber er wollte sich beweisen, dass er hinauszögern konnte, fragte sich jedoch, ob er von Kaitleen etwa ein Zeichen bekäme, wenn die Zeit um wäre und er endlich explodieren dürfe?

Sie schien jedes Mal zu spüren, wenn er in seiner Lust weiter gekommen war. Allmählich hatte er das Gefühl, dass seine Eier stark angeschwollen sein müssten und sein Orgasmus unmittelbar bevorstünde. Doch jedes Mal, wenn er dachte, oh Mann, gleich komme ich – dann wechselte Kaitleen ihre Hände zu einer anderen Stelle, streichelte mal seinen Bauch, dann seinen harten Schwanz, seine Beine, seine Hoden. Einfach überall, doch nie so lange, dass er nicht mehr konnte und explodiert wäre. Es war anstrengend intensiv und unglaublich glücksbeladen zugleich. Markus hätte sich nie vorstellen können, so tief empfinden zu können. Irgendwann merkte er, dass er sich fallen lassen konnte, dass es egal war, was sie mit ihm machte, es war alles gut und Hauptsache, es dauerte an.

***

Als Kaitleen sich jedoch länger als vorher mit seinem prallen Penis beschäftigte, ahnte Markus tief hinten, dass er es diesmal nicht schaffen würde. Fast bedauerte er es, er hatte das Gefühl, dass er noch ewig so hätte weitermachen können – mit der richtigen Massage natürlich. Andererseits genoss er es, auch seinen Orgasmus loslassen zu dürfen und nicht mehr hinauszuzögern. Trotzdem überraschte es ihn, wie gewaltig es war.

Sein Gesicht verzerrte sich, er kniff die Augen zusammen, alles spannte sich in ihm an, als sein Samen aus ihm schoss und Kaitleen ermunternde Laute von sich gab, während sie sanft seinen Penis massierte, bis kein Tropfen mehr übrig war. In Markus' Kopf drehte sich alles. Er blieb ein paar Minuten mit geschlossenen Augen liegen, bis er wieder einen klaren Gedanken fassen konnte. Dann blinzelte er. Eine lächelnde Kaitleen, die ihn aufmerksam beobachtete. Er spürte eine tiefe Dankbarkeit ihr gegenüber und grinste sie verlegen an.

»Alles okay?«, fragte sie.

»Mehr als das. Vielen Dank, Kaitleen.«

»Das freut mich.« Sie reichte ihm ein Päckchen Kosmetiktücher, damit er sich etwas abwischen konnte, dann zeigte sie ihm, wo er die Dusche zu finden war. Dort ließ er heißes Wasser auf sich prasseln und fühlte sich wie neugeboren. Frisch geduscht und angezogen kehrte er zu ihr zurück. Sie war angekleidet, hatte die Hände und Arme gründlich gewaschen, um das Öl zu entfernen, und räumte gerade ein wenig auf. Sie bat ihn, sich nochmals zu setzen. Dann wollte sie wissen, wie es ihm ginge, was er fühle.

»Es war das intensivste Erlebnis, das ich je hatte,« gestand er. Sie lächelte dazu. »Ich habe den Eindruck, etwas gelernt zu haben, aber ich kann es noch nicht benennen.«

Kaitleen nickte.

»Es wird sich zeigen, eines Tages,« meinte sie. Dann verabschiedete sie ihn.

***

Markus ging mit federnden Schritten, nachdem er vorne am Tresen bezahlt hatte. Er fühlte sich völlig anders als zuvor. Und merkte, dass er vergessen hatte, sie zu fragen: Woher in aller Welt wusste sie jedes Mal, wann er kurz vor der Explosion gestanden war?

Fremde Schönheit

Er war noch nie in diesem Land gewesen, wo alles glänzte, von den Moscheen der Muezzin rief, die Menschen laut miteinander kommunizierten. Deren Haut war dunkel von Geburt an, ihre schwarzen Augen unergründlich, die Gesichter der Männer mit Bärten verdeckt. Die Frauen, denen er bei seinen Streifzügen über den lärmenden Markt begegnete, trugen Kopftuch und Schleier, die ihre Gesichter bedeckten und lediglich die Augenpartie frei ließen; ihre Kleidung schien aus weiten Stoffen zu bestehen, die ihre Körper verhüllen sollten. Sie konnten zu zweit oder zu dritt über die Straßen gehen, auf dem Markt mit den bunten Ständen einkaufen, jedoch niemals alleine. Es war der Kultur dieses Landes zuzuschreiben, dass eine Frau automatisch als Hure galt, wenn sie alleine unterwegs war. Ehebruch wurde hart bestraft. Das religiöse Gesetz stand über allem, danach wurde gehandelt und davon wurde das gesellschaftliche Leben, die Kultur, bestimmt.

Ein strenges Land, fand er. Er war offiziell als Tourist hergekommen, doch inzwischen befand er sich seit ein paar Wochen hier und schrieb im Geheimen seine Artikel. Als Journalist musste er vorsichtig sein. Er durfte keine Mail versenden, die unverschlüsselt war – alles musste nach einem vorher abgesprochenen Code chiffriert werden, als Vorsichtsmaßnahme, weil niemand wusste, wie viel die Regierung mitlas. Es diente zu seiner Sicherheit, dass er mindestens zweimal wöchentlich eine Mail versandte, mit belanglosen Sätzen, um zu signalisieren, dass es ihm gut ging.

***

Er versuchte tagsüber die Atmosphäre der Stadt aufzufangen, während des sich ankündigenden politischen Umbruches. Er beobachtete möglichst unauffällig die Menschen und war froh, dass er nicht auf den ersten Blick als Ausländer zu erkennen war. Seine gebräunte Haut, das schwarze Haar und der Bart, den er sich stehen ließ, erforderten mindestens einen zweiten Blick. Seine Kleidung entsprach der der Einheimischen – eine leichte Hose, ein weißes Hemd, Sandalen, die er sich an einem Marktstand gekauft hatte. Trotzdem war ihm bewusst, dass er nicht dazugehörte, dass die Männer und Frauen spürten, dass er anders war als sie, sei es durch seine Art zu gehen, zu lächeln, sich zu bewegen. Glücklicherweise schienen sie nichts dagegen zu haben, dass er sich unter ihnen aufhielt – sie ignorierten ihn einfach und beobachteten ihn dennoch verstohlen. Er musste vorsichtig sein.

***

Ein paar Brocken der Landessprache hatte er gelernt; er hatte keine Mühe, sich innerhalb kurzer Zeit eine neue Sprache anzueignen. Dadurch konnte er sich selbst versorgen. Wenn er an einem der Essensstände war und darauf wartete, bedient zu werden, nahm er oft die Reaktionen zwischen den Frauen und fremden Männern wahr. Einmal schienen die Augen einer Frau aufzuleuchten, bevor sie sich halb abwandte. Er blickte sich neugierig um, um zu sehen, wem ihr Blick gegolten hatte. Hinter ihm stand ein junger Mann mit einem sehnsüchtigen Gesichtsausdruck, der die junge Frau anstarrte. Sie warf dem Jungen einen verstohlenen Blick zu, dann ging sie.

Der Journalist war fasziniert und fragte sich, ob das die Art der Frauen war, einem Mann ihr Interesse zu zeigen. In der Öffentlichkeit ein schwieriges Unterfangen, weil die Frauen fast nie allein waren. Er wusste nichts über arrangierte Ehen oder darüber, wie die Menschen hier miteinander flirteten. Alles schien unter einer geheimnisvollen Decke verborgen zu bleiben, durch die er nicht dringen konnte. Es war jedoch seine Aufgabe, nicht nur über die Politik und das Geschehen in dem Land zu berichten, sondern auch über deren Kultur. Die Frauen hier waren wunderschön, das konnte er trotz der Verschleierung erkennen, wenn der Wind ihre Gewänder an ihre Körper presste. Dann erahnte er die runden Brüste, die verlockenden Hüften, die schlanken Gestalten und sehnte sich danach, sie zu entkleiden, um zu sehen, ob er mit seiner Einschätzung recht hatte. Er fühlte seine Erregung, die sich in einer Ausbuchtung seiner Hose zeigte und wusste, dass er sie verbergen musste, bis er sich wieder beruhigt hatte. Er hatte schon so lange keine Frau mehr gehabt.

***

Es war heiß an diesem Tag. Der warme Wind ließ die Tücher, die die Marktstände bedeckten, wild flattern, und Staub und Sand kamen mit ihm. Die Menschen drängten sich durch die Gassen, feilschten, redeten laut, nickten einander zu – doch das waren nur die Männer, die diesen Lärm veranstalteten. Die Frauen standen stumm dabei, deuteten auf die verschiedenen Waren, die sie haben wollten. Es schien eine eigene Zeichensprache zu sein, denn der Händler packte alles ein, erhielt sein Geld und für den Journalisten sah es aus, als ob der Handel durch Telepathie zustande gekommen wäre. Die Frauen sahen den Männern nie in die Augen, doch woher wussten diese, wie viele Früchte die Kundin dann wollte? Er hatte noch so viel zu entdecken. Manchmal skizzierte er die Situationen in seinem Zimmer aus dem Gedächtnis auf einen Block. Doch heute schlenderte er scheinbar ziellos zwischen den Leuten umher, lauschte der Sprache, beobachtete Bewegungen, hörte zu und lernte. An einem Obststand im Schatten eines großen Gebäudes kaufte er sich ein paar Früchte. Als er sich abwandte, streifte sein Blick ein Paar Augen, die ihn unverwandt anstarrten. Weibliche Augen. Ihr Blick senkte sich, als er sie ertappt hatte. Doch nur wenige Sekunden später flatterten ihre Lider und hoben sich, um ihm einen weiteren Blick zu schenken.

Er war wie elektrisiert und überrascht. Meinte sie wirklich ihn? Vorsichtshalber sah er sich um, doch es stand niemand hinter ihm. Ein weiterer Blick zu ihr – ja, sie sah ihn an, von der anderen Straßenseite zwar, halb verborgen hinter einem Pfosten. Aber es war eindeutig. Der Journalist wusste, dass muslimische Männer solch einen Blick als Provokation und Aufforderung interpretierten. Weil die Frauen das wussten, sahen sie denjenigen nie an. Warum aber diese junge Frau das gerade tat, war ihm ein Rätsel. Sollte er zu ihr hinübergehen? Sie ansprechen? War das erlaubt oder bekäme sie dann Schwierigkeiten?

Sie war klein, trug ein weites Gewand aus einem leichten Stoff, der ihren Körper verhüllte. Ihr Kopftuch und der Schleier konnten nicht darüber hinwegtäuschen, dass sie schön sein musste. Der Journalist sah jetzt unverwandt zu ihr hinüber. Wollte sie ihm etwas sagen?

In diesem Moment wandte sie sich ab und ging davon. Er blieb verwirrt zurück, sah ihr nach, doch sie wandte sich nicht um. Sie ging die ersten Schritte alleine, dann gesellte sich eine andere Frau zu ihr. Als sie die Straße hinunter verschwunden war, schüttelte der Journalist wie benommen den Kopf über diese Begegnung. Bis er in seinem Zimmer angekommen war, grübelte er über die Blicke dieser fremden Schönheit nach, doch dann konzentrierte er sich darauf, eine seiner wöchentlichen Nachrichten zu verfassen und per Mail in seine Heimat zu senden. Morgen würde er eine ebenso nichtssagende Antwort erhalten, als Bestätigung für die Ankunft seiner Mail. Beim Zu-Bett-Gehen fiel ihm wieder die geheimnisvolle Frau ein. Was wollte sie von ihm? Würde er sie je wiedersehen?

***

An den folgenden Tagen streifte er wie sonst umher, beobachtete die Menschenmenge, nahm deren Stimmungen auf, versuchte, Gespräche zu belauschen. Wie standen diese Leute zu der aktuellen Politik ihrer Regierung? Es war schwierig; kaum einer traute sich, in der Öffentlichkeit darüber zu reden. Die meiste Zeit jedoch hielt er sich an dem Ort auf, wo er die geheimnisvolle Fremde gesehen hatte, in der Hoffnung, dass sie wieder auftauchen würde. Er war sich sicher, dass sie ihm etwas mitteilen wollte. Am dritten Tag hatte er Glück. Er spürte Augen auf sich gerichtet und drehte sich um. Da stand sie wieder, hinter dem gleichen Pfosten, und sah ihn an. Ihren Gesichtsausdruck konnte er aufgrund des Schleiers nicht deuten, doch ihre Augen schienen zu glühen. Sie waren fast schwarz, von langen Wimpern umsäumt, das konnte er sogar von der Stelle aus erkennen, wo er stand. Er sah sich um, wurden sie beobachtet? Als er wieder zu dem Pfosten schaute, war sie plötzlich verschwunden, und er verfluchte sich. Allmählich fragte er sich, ob er sich das alles nur einbildete. Was sollte dieses Versteckspiel?

Doch er gab nicht auf. Zwei weitere Tage lang ging er jeweils um die gleiche Zeit zu dem Stand, wo er sie gesehen hatte. Dann, als er die Hoffnung schon aufgeben wollte, stand sie fast hinter ihm. Sie hatte den Blick gesenkt, doch er spürte mehr, als dass er sie hörte, dass er ihr folgen sollte. Sie ging vor ihm her, nach ein paar Schritten schloss sich ihr eine weitere verschleierte junge Frau an, und er folgte ihnen. Versuchte, wie zufällig dahinzuschlendern, weil die Stimmung explosiv war im Land und er Probleme bekommen konnte, wenn jemand ihn bei der Verfolgung zweier hübscher Frauen ertappte. Sie drehten sich nie um, schienen jedoch zu wissen, dass er hinter ihnen war, denn sobald er sie beinahe aus den

Augen verlor, warteten sie an der nächsten Straßenecke auf ihn. Sie gingen hauptsächlich auf belebten Straßen, um nicht aufzufallen, doch als sie sich ihrem Ziel näherten, bogen sie in eine sehr schmale Gasse ein. Der Journalist ging langsamer, um zwischen die Häuser zu spähen, er wollte weder in einen Hinterhalt geraten noch die Frauen verlieren. Am Ende der Gasse sah er sie durch eine Türöffnung treten, sie warfen einen kurzen Blick zurück, dann waren sie verschwunden. Was sollte er jetzt tun? Der Journalist überlegte. Einerseits war er auf seine Sicherheit bedacht, andererseits war er neugierig aus Prinzip. Zögernd ging er in die Gasse, deren Häuser sich rechts und links von ihm über zwei Stockwerke erhoben. Sie waren äußerlich schlicht, doch der Journalist wusste, dass sich im Inneren wahre Schätze verbergen konnten. Als er an der Tür ankam, durch die die beiden Frauen verschwunden waren, ging diese leise knarrend auf. Eine der Frauen winkte ihn herein, sie sah ihn nicht an und sagte keinen Ton. Vor ihm ging sie ein paar Stufen hinauf, schritt durch einen Perlenvorhang und glitt davon. Er stand in einem großen Raum mit Rundbogenfenstern, auf dem Boden lagen kostbare Teppiche und viele Kissen, an den Wänden hingen wundervolle Gemälde oder Wandteppiche in leuchtenden Farben. Auf der rechten Seite konnte er Säulen erkennen sowie Rundbögen über den Eingängen. Dort mussten sich noch mehr Räume befinden. Die Luft war mit dem Geruch von Rosenblättern erfüllt, die in mehreren Schalen verteilt standen. Der Raum war leer, doch er hörte leise Schritte und ein Rascheln von Kleidern.

Der Journalist wusste nicht, was ihn erwartete. Innerlich verfluchte er sich, weil er sich in diese Situation begeben hatte, äußerlich versuchte er, ruhig zu bleiben. Eine in kostbare Stoffe gekleidete Frau kam hinter einer Säule hervor. Sie kam mit gemessenen Schritten auf ihn zu, bis sie nur wenige Meter vor ihm stehen blieb. Sie trug einen Schleier, der fast durchsichtig war; der Journalist konnte ihre vollen, schön geschwungenen Lippen erkennen. Ihre großen, dunklen Augen schienen ihn anzulächeln. Sie lud ihn mit einer Handbewegung ein, sich auf die Kissen in einer Ecke des Raumes zu setzen, dann klatschte sie in die Hände. Er hörte raschelnde Kleider, als er mit einem Nicken auf die Kissen zuging und sich niederließ. Eine weitere Frau erschien, leicht bekleidet, mit nahezu durchsichtigem Gewand, jedoch ebenfalls mit einem Schleier vor dem Gesicht und einem Kopftuch. Was wollte sie?

Die Frauen sah ihm nicht in die Augen, doch sie setzte sich langsam zu ihm. Der Journalist sah straffe Schenkel, die sich durch den Stoff abzeichneten, wunderschön geformte Brüste, die durch ein Band, das direkt darunter geschnürt war, betont wurden. Sie war schlank, groß und grazil. Die Frau, die ihn begrüßt hatte, sah ihn fragend an. Als er nicht reagierte, schenkte sie ihm aus einer reich verzierten Kanne süßen, starken Tee ein und deutete auf die junge Frau. Dazu sagte sie etwas. Wollte sie wissen, ob er sie hübsch fand? Er nickte und lächelte. Die Augen hinter dem Schleier lächelten zurück, dann erhob sie sich und ging.

Der Journalist war verwirrt und nippte nachdenklich an seiner Tasse. Er schmeckte fremdartig, erfrischend. Er war mit einer wunderschönen Frau allein, trank diesen Tee, der ihn wacher zu machen schien, als er ohnehin schon war und wusste nicht, was er tun sollte. Hin und wieder lächelte er die Frau an, die scheu zurücklächelte und auf etwas zu warten schien. Er trank die Tasse aus und setzte sie ab. Es schien wie ein Signal für die fremde Schönheit zu sein, denn sie nahm ihren Schleier ab und sah ihn aus glutvollen Augen an. Er fand sie wunderschön. Sie hatte große Augen mit dichten Wimpern, ein zartes Gesicht und volle Lippen. Ihre Iris war hellbraun mit dunklen Sprenkeln darin. Sie nahm ihr Kopftuch ab und zeigte ihr langes, glänzendes Haar. Unverwandt sah sie ihn an, der sie bewunderte und eine seltsame Erregung in sich aufkeimen spürte.

Als sie seine Brust berührte, geriet er zunächst in Panik. Doch äußerlich blieb er ruhig und ließ es geschehen. Langsam rückte sie näher, machte sich an seinem Hemd zu schaffen und sah ihn aufmunternd an. Warum sollte er sein Hemd ausziehen? Sie lächelte, ein wunderschönes Lächeln, in dem er versinken wollte. Ihre Augen strahlten. Fast willenlos ließ er sich entkleiden, zunächst das Hemd, dann die Hose. Die Frau richtete sich auf und streifte ihr Gewand ab, bis sie ebenso nackt vor ihm war wie er selbst. Sie bedeutete ihm, sich auf die Kissen zu legen. Der Journalist war schlagartig erregt; sein Penis erhob sich verlangend, sodass die Frau einen Blick darauf warf. Wieder lächelte sie, dann kniete sie sich neben ihn und griff unter das kleine Tischchen, um eine kleine Kanne hervorzuholen. Sie goss etwas von dem Inhalt auf ihre Handfläche und verteilte es dann auf seiner Brust.

Der Mann fühlte sich wie gelähmt, willenlos, betäubt und dennoch hellwach. Seine Sinne waren konzentriert auf die schöne Frau gerichtet, die ihn anlächelte und mit Öl einrieb, das betörend duftete. Langsam näherte sie ihre Lippen seinem Mund, ihre Augen strahlten. Er spürte ihre weiche Haut, als sie ihn küsste, ihre Zunge, die langsam über seine Lippen fuhr und war elektrisiert. Als ob Strom durch seine Adern fließen würde, fühlte er die Lust, die ihn packte und dazu veranlasste, die schöne Frau zu umarmen und an sich zu pressen während dieses langen, intensiven Kusses. Ihre Zunge spielte mit ihm, sie neckte ihn, reizte seine hochsensiblen Nerven. Er spürte ihre schönen Brüste auf seiner Haut, die jetzt ebenfalls glitschig wurden von dem Öl. Sie rieb sie an ihm. Er bekam einen

Ständer, der ihn selbst überraschte – wann hatte er das letzte Mal einen derart harten Schwanz gehabt?

Die Frau löste sich atemlos von ihm. Sie sah ihn lange an, dann fasste sie sich und ging wieder dazu über, ihn mit Öl einzureiben. Sie ging methodisch dabei vor. Zunächst rieb sie seine Arme ein, massierte sie mit kreisenden Bewegungen und endete erst an seinen Fingerspitzen. Dann nahm sie sich seine Beine vor, wobei sie an seinen Oberschenkeln begann, seine Muskeln knetete und ausstrich, sich dabei bis zu seinen Fußspitzen vorarbeitete. Immer wieder warf sie einen Blick auf sein Gesicht und lächelte, weil er sie gierig beobachtete. Dann streifte sie seinen überaus harten Stab, der hoch aufgerichtet von ihm abstand. Als sie mit seinen Gliedmaßen fertig war, widmete sie sich mit sanft knetenden Bewegungen seiner Brust und seinem Bauch, kam dabei seinem zum Bersten prallen Penis immer näher. Sie streifte ihn wie zufällig, was den Journalisten zum Keuchen brachte. Er konnte sehen, dass ihre Brustspitzen hart waren – verspürte auch sie Lust in dem, was sie mit ihm tat? Noch immer konnte er kaum fassen, wie er in diese Situation geraten war. Doch seitdem er diesen Tee getrunken hatte, erschien es ihm nur natürlich, was mit ihm geschah. Er war erregt, seine Lust floss wie flüssige Lava durch ihn und sammelte sich in seinen Lenden. Wie lange würde es dauern, bis er kam? Nach derzeitigem Stand konnte es jeden Augenblick soweit sein, jedenfalls fühlte er sich so. Seine Sinne waren völlig auf diese Frau gerichtet, die mit seinem Körper wie auf einem Instrument zu spielen schien, virtuos und geschickt entlockte sie ihm Geräusche seiner Lust.

Sie war dazu übergegangen, ihre Hände unter sein Gesäß zu schieben, es zu massieren und sein Gesicht zu beobachten. Sie lächelte, als er erregt die Augen schloss, das Gefühl auskostete und immer erregter wurde. Als er glaubte, es nicht länger aushalten zu können, nahm sie ihre Hände wieder weg, strich über seine Brust und küsste ihn. Der Journalist wollte sie leidenschaftlich auf sich ziehen, in sie eindringen, doch sie verweigerte sich – stumm zwar, doch energisch genug, dass er begriff, dass es noch nicht so weit war. Sie glitt wieder von ihm und lächelte. Ihre Hände legten sich auf seine Oberschenkel, strichen langsam hinauf und näherten sich seinem Damm. Er bekam große Augen, als sie sanft seine Hoden in ihre Hände nahm und sie massierte. Noch nie hatte er so etwas erlebt! Es war ein unbeschreibliches Gefühl, intensiv und leicht. Sie widmete sich seinen Eiern mit ganzer Hingabe, goss Öl auf seinen Stab, das hinunterfloss und seine Eier benetzte, sodass sie in ihren Händen glitschig waren und anzuschwellen schienen. Wie sollte er das aushalten? Er schloss die Augen.

***

Die Frau lächelte. Dieser weiße Mann, der zwar braun gebrannt war und auf den ersten Blick als einer ihres Landes durchgehen konnte, war zu leicht zu beeindrucken. Er war ihren ›Schwestern‹, wie sie sich gegenseitig nannten, wie ein Hündchen gefolgt, hatte ihnen tagelang aufgelauert, bis er sie wieder sah. Doch er sah gut aus, attraktiv, muskulös, mit einem schmalen Gesicht. Sie mochte Männer, die auf ihr Äußeres achteten. In dieser Stadt war es nicht einfach, Kunden zu gewinnen. Es gab so viele traditionelle Muslime, sie stellten die Mehrheit dar. Die anderen waren durchaus bereit, sie, die Frauen des Glücks, zu besuchen und sich in der Liebe zu üben. Dennoch musste alles im Verborgenen ablaufen, weil sie sonst Schwierigkeiten bekamen und sich ihren Lebensunterhalt nicht mehr auf diese Weise verdienen konnten. Womöglich gar nicht mehr.

Deshalb hatten sie sich darauf verlegt, Touristen zu finden und zu sich zu locken. Es dauerte manchmal, bis diese Männer begriffen, dass sie ihnen folgen sollten, doch in der Öffentlichkeit durften sie sich nicht anmerken lassen, dass sie die Männer ermutigten. Ein Stöhnen unterbrach ihre Gedanken und entlockte ihr ein weiteres Lächeln. Dieser Mann wusste nicht, dass der Tee, den sie ihm angeboten hatten, eine Substanz enthielt, die seine Lust entfachte. Doch selbst wenn er es ahnte, so war sie sicher, dass er zum Schluss sehr zufrieden sein würde.

Ihr gefiel dieser Phallus, der so stark von seinem Körper abstand und nach ihr verlangte. Sie würde ihn genießen, doch zuvor wollte sie ihn lehren, Geduld zu haben. Sie strich mit ihren Fingerspitzen über seine zarte Haut und spürte das Erschauern des Mannes, hörte sein atemloses Keuchen. Sie wusste, worauf es ankam, wie sie ihn dazu bringen würde, sein Bestes zu geben. Er war von oben bis unten mit Öl eingerieben, sein Körper glänzte und oben an der Spitze seines Stabes erschienen kleine Tropfen. Sie verrieb auch sie, dann nahm sie den Stab in beide Hände und rieb ihn ein paarmal. Dumpfes Stöhnen antwortete ihr. Sie wollte sich gerne auf ihn setzen, aber sie musste noch warten, ihn noch etwas weiter bringen, bis er das Gefühl hatte, über die Grenze gekommen zu sein und ewig so weitermachen zu können.

Als die glutäugige Schönheit sich auf seinen harten Schwanz konzentrierte, glaubte er zu platzen. Doch irgendwie schaffte sie es, ihn in einer Weise zu stimulieren, dass er viel länger brauchte als gedacht. Wenn er blinzelte, sah er ihre vollen Brüste, die bei jeder Bewegung hin und her schwangen. Die Brustwarzen waren sehr hart, er wollte sie anfassen und hob eine Hand. Die Frau sah ihn erstaunt an, doch sie ließ es zu und schien es zu genießen, denn sie schmiegte sich unwillkürlich in seine Hand. Er strich über ihre Nippel, nahm sie zwischen seine Finger und drückte sanft zu, was ihr ein leises Keuchen entlockte. Ihre Augen glänzten. Sie kam aus dem Takt bei der rhythmischen Bewegung, die sie seiner Rute angedeihen ließ, fing sich jedoch wieder und konzentrierte sich auf ihn. Nun ergriff sie mit einer Hand seine Hoden, wog sie prüfend, zog leicht daran und streichelte sie mit ihren Fingern. Der Knöchel ihres kleinen Fingers strich immer wieder über seinen Damm, die Stelle zwischen Hoden und After, die besonders empfindsam war. Er schloss wieder die Augen, spürte die Intensität ihrer Berührungen und fragte sich allmählich, ob er in einem Märchen aus Tausendundeiner Nacht gelandet war.

Die Frau sog den Atem ein, als er ihre Brüste berührte. Die wenigsten Männer taten das, sondern waren mehr darauf erpicht, dass sie ihnen Lust verschaffte und befriedigte. Dieser hier schien anders zu sein. Es tat gut, wie er sie berührte, es erregte sie, doch es lenkte auch davon ab, weshalb sie hier neben ihm saß und sich darauf konzentrierte, seinen Phallus in der richtigen Weise zu reizen. Er war so groß, rot und glänzend. Manchmal zuckte er in ihrer Hand, dann fürchtete sie, dass er sich ergießen würde. Doch bisher hielt er durch. Sie würde von ihm ablassen, damit er sich beruhigte. Dann würde sie sich auf den Mann setzen.

Sie strich noch einmal mit ihren öligen Händen über den großen Stab, dann bewegte sie sich wieder Richtung Bauch, Brust und Schultern. Der Mann sah sie fragend an, doch sie lächelte beruhigend zurück. Seine Schultern waren verspannt, ob vor Erregung oder Sorgen, konnte sie nicht sagen. Doch es war offensichtlich, dass eine Massage ihm guttat, daher knetete sie ihn, so fest sie konnte, hob seine verspannten Muskeln und massierte sie, bis er das Gesicht verzog. Doch als sie ihn fragend ansah, nickte er und lächelte wieder, was sie so deutete, dass es ihm wohltat. Sie widmete sich eine ganze Weile seinen Schultern, spürte seinen verlangenden Blick auf sich und konnte nicht anders, als ihn zu küssen. Er schmeckte gut, sein Kuss war zärtlich und fordernd zugleich. Langsam schob sie sich auf seinen Körper, der nach dem Öl duftete, mit dem sie ihn eingerieben hatte. Ihre Haut wurde davon glitschig, sie rieb sich an seinem Rumpf, bis sie ebenso glänzte wie er. Seine Augen waren weit offen, er beobachtete sie fasziniert. Langsam schob sie ihr Becken auf seines, bis sie seinen Phallus spürte. Sie erhob sich, schob ihn zwischen ihre Beine und setzte sich vorsichtig darauf. Noch hatte sie ihn nicht in sich eingeführt. Sie rieb mit ihren Schamlippen darüber, beobachtete sein langsames Lächeln, hörte sein schweres Atmen. Seine Hände lagen auf ihren Hüften, doch sie würde nicht zulassen, dass er die Führung übernahm. Sie war bekannt dafür, dass ihr Becken jedem Mann Freude brachte, und es war ihr Ehrgeiz, dies jedes Mal zu beweisen. Sie kannte Techniken, die sowohl dem Mann als auch ihr selbst Freude brachten.

Als der Mann die Augen aufriss, hielt sie inne. Sie beobachtete seine Brust, die sich schnell hob und senkte, und lächelte ihn beruhigend an. Sie wusste, dass es möglicherweise nicht besonders lange dauern würde, bis er die entspannende Freude empfände. Trotzdem würde sie alles daran setzen, ihm zu helfen, es so lange wie möglich hinaus zu zögern.

***

Der Journalist betrachtete die auf ihm sitzende Frau voller Lust. Ihr schwarzes glänzendes Haar floss über ihre Schultern und bedeckte ihre Brüste, jedoch nur halb, sodass er die rosigen harten Brustwarzen sehen konnte. Sie hatte es in einem Augenblick gelöst, bevor sie sich an seinem Stab zu schaffen gemacht hatte. Sollte diese Geste bezwecken, dass er noch erregter wurde durch ihre Schönheit, dann hatte sie es mehr als erfüllt. Immer wieder hatte er das Gefühl, die Reibung ihrer Hände nicht länger aushalten zu können. Seltsamerweise schien die Frau das zu spüren, denn jedes Mal verlagerte sie ihre Berührung an eine andere Stelle seines Körpers. Eine ganze Weile war sie mit seinen Schultern beschäftigt gewesen, und er hatte sich gewundert, wie kräftig ihre zarten Hände zupacken konnten. Als er das Gesicht verzogen hatte, blickte sie ihn fragend an. Doch es tat gut, die verspannten Muskeln weich massiert zu bekommen, deshalb hatte er genickt und sie angelächelt, bis sie weitergemacht hatte. Jetzt saß sie auf ihm, rieb ihre Schamlippen auf seinem Schwanz, der auf seinem Bauch lag, und beobachtete ihn sorgfältig. Der Druck ihres Körpers variierte, mal strich ihre Haut nur leicht über seine Unterseite, mal rieb sie kräftig darüber. Als sein Atem notgedrungen schneller ging, hörte sie auf und blieb ruhig sitzen. Doch er spürte, wie ihre Schamlippen an seinem Stab pulsierten. Er konnte zwar nicht sagen, ob sie vor Erregung feucht war, weil das Öl, das sie auf ihm verteilt hatte und nun auch auf ihr war, eine solche Aussage verhinderte. Doch immerhin konnte er an dem Pochen zwischen ihren Schenkeln und ihren erigierten Nippeln erkennen, dass es ihr nicht gleichgültig war, was sie hier trieben. Vielmehr, was sie mit ihm trieb. Denn auch ihr Atem ging unregelmäßig. Sie erhob sich etwas, nahm seinen Stab und führte ihn langsam in sich ein. Er begann zu keuchen, worauf sie sich locker zu machen schien. Er glitt mühelos in sie, sie nahm ihn auf, bis er bis zum Anschlag in ihr steckte. Wieder saß sie auf ihm, verharrte ruhig, um ihm Gelegenheit zu geben, durchzuatmen. Er fragte sich, wie lange er noch durchhalten würde. Er war jetzt so erregt, dass er das Gefühl hatte, seine Eier würden anschwellen. Ihre Enge massierte ihn, das konnte er deutlich spüren. Sie ließ ihre inneren Muskeln kontrahieren, sodass sein Schwanz massiert wurde, doch äußerlich blieb sie still auf ihm sitzen. Er war drauf und dran, seine Hüften zu bewegen. Er zuckte mit seinem Stab zurück, was sie zum Lächeln brachte. Langsam begann sie, ihr Becken rotieren zu lassen. Dabei stützte sie sich mit beiden Händen neben ihm ab, bis er ihre Handflächen in seine nahm und ihr Widerstand gab. Dankbar hielt sie sich an ihm fest. Ihr Körper hob und senkte sich auf ihm, ihre Wangen wurden mit Röte überzogen, sodass sie noch schöner wurde. Fasziniert beobachtete er ihre Bewegungen, die langsam und methodisch waren. Immer wieder spürte er ihre Muskeln, die ihn massierten, sie riefen in ihm einen Zustand des Glücks hervor, das er noch nicht kannte. Womit hatte er es verdient, dass diese wunderschöne Frau Sex mit ihm hatte?

***

Ja, sie war erregt, anders als sonst. Es mochte an dem großen Phallus liegen, der nun tief in ihr war, den sie mit ihren Muskeln bearbeitete und es überaus genoss. Dieser Mann rief Verlangen in ihr hervor, sie wollte es stillen und dennoch vorsichtig dabei vorgehen. Wie auf einem Pferd ritt sie auf ihm, hob und senkte ihr Becken, ließ es immer wieder rotieren und beobachtete dabei seine Reaktion. Sie war wie gewünscht, er sah sie mit lustvoll geweiteten Augen an, mit einem leichten Lächeln um die Lippen und immer schneller gehendem Atem. Würde sie es schaffen, ihre eigene Lust zu zügeln, um ihm länger zu Diensten zu sein? Sie wusste es nicht. Sie spürte, wie seine Rute in ihr zurückzuckte, es kitzelte ein wenig und sie musste fast kichern. Es animierte sie, ihr Tempo zu beschleunigen; am liebsten wäre sie auf ihm auf und ab gehüpft, so erregt wurde sie selbst durch ihr Tun. Durfte sie das sein? Darüber würde sie später nachdenken, in einer stillen Minute. Sie war nicht mehr zu großen Gedanken fähig, weil die Erregung jedes Denken wegspülte. Sie konnte sich fast vorstellen, wie es in ihrem Kopf aussehen musste, der mit Watte gefüllt war. Glückliche lustvolle Watte, rosa glänzend. Sie spürte, wie ihr Becken immer schwerer wurde, weil sich alles in ihr auf ihr

Zentrum konzentrierte, das Zentrum der Lust, das Reiben seines riesigen Stabes, der in ihr tief hinten anstieß und bewirkte, dass sie immer schneller wurde. Ihr Atem keuchte jetzt, ihre Haut war schweißbedeckt, sie wusste, wenn sie so weitermachte, würde sie die Kontrolle verlieren.

Der Mann stöhnte. Kleine Schweißperlen bedeckten seine Stirn, und er wusste, es lag nicht an der Hitze des Raumes, sondern an dieser Frau, die auf ihm ritt, mit wippenden Brüsten. Ihr Becken rotierte auf ihm, und sie schloss die Augen, als ob sie genießen würde – was sie offensichtlich tat, denn auch sie begann zu stöhnen. Ihr Tempo zog an, immer wieder hüpfte sie auf ihm auf und ab, ihre Scham traf mit leisem Klatschen auf seinen Körper, ein erregendes Geräusch. Sie öffnete ihre schönen, vollen Lippen und ließ es zu, dass er ihre Hände losließ und sie stattdessen auf ihre Brüste legte, die sich daran rieben. Sie war so schön. Der Journalist spürte, dass er bald kommen würde. Es war für ihn sowieso ein Wunder, dass er so lange durchgehalten hatte, und er fragte sich wieder, wie sie das geschafft hatte. Er beobachtete ihre Brüste, die sich durch ihre Bewegung an seinen Handflächen rieben, sah ihre Augen, die vor Lust glänzten, ihren vollen Mund, der halb geöffnet war und aus dem Laute kamen, die wie Musik für jeden Mann sein mussten. Der Journalist kam auf eine Idee. Er schob eine Hand zwischen ihre Schenkel. Dort spürte er, wie glitschig die Frau war; ihre Schamlippen waren weit geöffnet. Als seine Finger ihren Lustknoten gefunden hatten, riss sie die Augen auf. Sie stöhnte. Sein Finger traf bei jeder ihrer Abwärtsbewegung auf ihre geschwollene Kirsche, reizte sie zusätzlich, und die Reaktion war phänomenal. Denn jetzt wurde die fremde Schönheit wild, sie stöhnte immer lauter, ritt ihn immer schneller, weil sie so oft wie möglich von seiner Hand gereizt werden wollte. Es schien ihr genauso zu gehen wie ihm – sie konnte nicht mehr an sich halten.

Mit einem tiefen Stöhnen begann die Frau auf ihm zu zucken. Sie verdrehte ihre schönen Augen, hielt sich an ihm fest, während er seinen Orgasmus mit Wucht heranrollen spürte und sich aufbäumte, als er sich in sie ergoss. Sein Gesicht verzerrte sich wie unter Schmerzen, dabei flog er davon, für einen kurzen Moment. Die Schöne ließ sich auf seine Brust sinken. Sie spürte seinen Herzschlag, der noch immer schnell ging und sich erst allmählich beruhigte.

***

Der Journalist kehrte in sein angemietetes Zimmer zurück, als die Sonne sich dem Horizont näherte. Er schüttelte noch immer lächelnd den Kopf über sein Erlebnis, dachte halb, er habe das alles nur geträumt – die schöne Frau, die ihn massierte, zunächst mit ihren Händen, dann mit ihrer Vagina. In diesem muslimischen Land hätte er es nie für möglich gehalten, dass diese Frauen existieren konnten – doch wo sonst sollten die Männer sich üben, bevor sie heirateten? Schmunzelnd dachte er an den Moment, als er erkannt hatte, wo er gelandet war. Es war der Moment, als die fremde Schönheit das einzige englische Wort sagte, das sie kannte, und ihn bittend ansah: Money.

Libby's Anweisungen

»Es ist überhaupt nichts mehr los im Bett.«
Carmen beklagte sich bei ihrer Freundin, die ihr aufmerksam zuhörte. Sie saßen draußen vor ihrem Lieblingscafé, schlürften Prosecco und naschten Eis. Der Sommer hatte die 30-Grad-Marke erreicht.

Carmen liebte ihren Freund Kevin nach wie vor. Sie waren seit drei Jahren zusammen, aber in letzter Zeit hatten sie irgendwie keine Lust mehr aufeinander. Carmen war eine rassige dunkle Schönheit mit schwarzem, lockigem Haar, das sie meistens hochgesteckt trug. Ihre dunklen Augen waren ausdrucksvoll. Ihre Freundin Libby, die ihr gegenübersaß, war das Gegenteil von ihr. Hellhäutig, mit grünen Augen und Sommersprossen, wie sie die meisten Rothaarigen trugen, wirkte sie wie ein Gegenpol zu Carmen. Ihre ruhige Art zog die Menschen um sie herum an. Kein Wunder, dachte Carmen, dass sie Sexualtherapeutin ist.

»Wann wart ihr denn das letzte Mal zusammen?«, fragte Libby.

»Keine Ahnung. Vielleicht vor drei oder vier Wochen?«

Libby hob die Brauen. Natürlich wurde die Qualität von Sex nicht anhand der Häufigkeit gemessen. Aber kein Mann schwitzte sein Bedürfnis einfach aus, und ihres Wissens gehörte Kevin auch nicht zu denen, die es versuchten.

»Oh, schau mich nicht so an, bitte!«, flehte Carmen. »Was soll ich denn machen?«

»Ihn verführen?«

»Das habe ich doch schon versucht! Er geht nicht darauf ein. Gibt vor, zu viel Stress zu haben, Kopfschmerzen …«

»Kopfschmerzen?!«

»Ja …, Kopfschmerzen und generell keinen Bock. Dann fläzt er sich vor den Fernseher und zieht sich irgendwas rein, und ich gehe ins Bett.«

»Hmmmmm.« Libby war besorgt. Hatte Kevin womöglich eine andere Frau kennengelernt? »Kopfschmerzen sind eigentlich nur uns Frauen vorbehalten …«

Sie lächelte dabei, um sich ihre Sorge nicht anmerken zu lassen. Sie mochte Kevin und fand, er und Carmen passten wunderbar zusammen. Aber wenn er nicht mehr bereit war, ihre beste Freundin zu vögeln, die an jeder Hand zehn Männer haben konnte, dann war was faul.

»Hast du eine Idee?« Carmen war eindeutig verzweifelt. Sie sehnte sich nach ihrem Freund, kam aber nicht mehr an ihn ran.

»Gab es irgendeinen Zwischenfall bei euch beiden, Streit, Missverständnis, irgendwas?«

»Nicht dass ich wüsste.« Carmen dachte nach. Seit drei Wochen mindestens war der Zustand so. War irgendetwas vorgefallen? Sie waren beide viel unterwegs gewesen, ja. Kevin beruflich, sie teilweise auch, aber auch mit ihren Freundinnen, weil er keine Zeit hatte. Verübelte er ihr das? Sie konnte es sich nicht vorstellen. Im Großen und Ganzen führten sie eine tolerante Beziehung insofern, dass sie sich zwar erzählten, was sie machten, wo sie gewesen waren, aber vertrauten sich gegenseitig, dass keiner nebenher einen anderen Partner hatte. Sollte das aber inzwischen bei Kevin der Fall sein? Es gab Carmen einen Stich. Nein, sie vertraute ihm, dass er dann ehrlich wäre. Fragte sich bloß, wann …

Sie wollte nicht daran denken, dass Kevin eine andere kennengelernt hätte und die ihn so lange fickte, bis er so erschöpft wäre, dass er keine Lust mehr auf sie hatte. Nein. Es musste einen anderen Grund geben.

»Woran denkst du?«

»Du hast doch in den nächsten zwei Wochen Urlaub, oder?«

Carmen nickte.

»Beobachte ihn. Suche nach Anzeichen für Stress zum Beispiel. Oder Unbehagen. Vielleicht hat er Sorgen, die er dir nicht mitteilen möchte oder kann.«

»Oder eine andere Frau …« Die Worte entschlüpften Carmen ungewollt. Libby sah sie unbewegt an.

»Oder eine andere Frau.«

Carmen wurde schwindelig, dann heiß vor Zorn. Selbst Libby dachte an diese Möglichkeit, also musste es ja so sein, oder?

»Langsam, junge Dame,« Libby lächelte sie beruhigend an. Sie wusste um Carmens heißblütiges Temperament. Das war es eigentlich, was auch Kevin an ihr liebte. Carmens Augen blitzten. »Du weißt nicht, ob das der Fall ist. Aber genau das kannst du entweder herausfinden und ihm eine furchtbare Szene machen, FALLS es so ist. Oder du setzt alles daran, ihn wieder zu gewinnen. Denn egal, was er hat, er scheint unter Stress zu sein. Und das ist deine Chance.«

Carmen beruhigte sich nur allmählich. Libby hatte recht, sie wusste gar nichts. Aber von welcher Chance sprach sie?

»Entspanne ihn.«

»Er lässt mich nicht mehr an sich ran!«

»Mit Worten nicht, und das ist vielleicht auch gar nicht nötig. Aber wie steht es mit den kleinen Zärtlichkeiten? Darfst du ihn noch küssen?«

»Zum Abschied und beim Wiedersehen.« Carmen war jetzt noch entsetzt, wenn sie daran dachte, dass Kevin sie nicht einmal mehr in den Arm genommen hatte, wenn sie ihn küsste.

»Immerhin. Darfst du seine Schultern massieren?«

Carmen dachte nach. Worauf wollte Libby hinaus?

»Ich weiß es nicht. Warum fragst du?«

»Probiere es aus. Wenn er auf einem Stuhl sitzt zum Beispiel, und du gut an seine Schultern kommst, dann massiere seine Muskeln. Nur die Schultern. Wenn er merkt, dass es ihn entspannt hat, dann hörst du wieder auf. Keinen Versuch starten, ihn zu verführen. Sei einfach die ›gute Freundin‹, die ihn weder bedrängt noch mit Worten zutextet und zieh dich einfach wieder zurück, selbst wenn er Anzeichen zeigt, dass er mehr mögen würde. Wenn das geklappt hat, treffen wir uns wieder.«

Libby war einfach zu klug, als dass Carmen ihr widersprochen hätte. Sie sah ihre Freundin dankbar an. Das klang jedenfalls nach einem Plan, besser als alles, was sie sich schon ausgemalt hatte. Sie war gespannt, worauf das alles hinauslief, kannte Libby jedoch gut genug, um zu wissen, dass die sich selten in die Karten schauen ließ. Sie stießen mit ihrem Prosecco an und schlürften die Gläser leer. Carmen fühlte sich wieder ruhiger, jetzt, da Libby ihr mit Rat und Tat zur Seite stand. Na ja, weniger mit Tat, das wäre dann ihre Aufgabe, kicherte sie in sich hinein. Der Alkohol stieg ihr bei dieser Hitze allmählich in den Kopf. Libby war ebenfalls angeheitert, allerdings eher deshalb, weil sie die Blicke der Männer um sie herum bemerkte, die alle an Carmen hängen blieben und sie ausgiebig musterten. Libby war nie eifersüchtig auf ihre Freundin gewesen, die schlank und kurvig war, die Blicke der Männer anzog wie das Licht die Motten. Sie selbst war neben dieser rassigen Frau unscheinbar, doch das störte sie nicht, weil sie eine tiefe Beziehung zu einem Mann hatte, der sie auf Händen trug. Wüssten diese Männer, welche Schwierigkeiten Carmen gerade hatte, sie würden sie mit Angeboten überhäufen. Libby schmunzelte. Was sie an ihrer Freundin schätzte, war ihr völliges Fehlen von Eitelkeit und Selbstdarstellung. Sie unterstrich ihr Aussehen und ihre Persönlichkeit mit passender Kleidung, die ihr gefiel, und schien nicht zu wissen, dass sie durch ihr Wesen strahlend leuchtete. Außerdem war Carmen hilfsbereit und loyal, was ebenfalls selten war. Nein, sie würde nie neidisch auf diese schöne Frau sein, im Gegenteil.

Sie trennten sich nach viel Gekicher und Umarmungen, dann ging jede von ihnen nach Hause. Carmen war trotz ihres Beschwipstseins nachdenklich über Libbys Worte geworden. Vielleicht hatte sie recht und sie sollte Kevin nicht mehr mit ihren Fragen bedrängen, was denn los sei mit ihm. Sie nahm sich vor, heute besonders liebevoll ihm gegenüber zu sein und das gleich mal auszuprobieren, was Libby vorgeschlagen hatte.

Doch dazu kam es nicht mehr an diesem Abend. Carmen wartete auf ihren Freund, doch irgendwann wurde sie durch den Alkohol so müde, dass sie auf dem Sofa einschlief. Sie bekam nicht mit, als Kevin leise die Tür aufschloss, sie dort liegen sah, leise lächelte und fürsorglich eine leichte Decke über sie legte und schlafen ließ. Am nächsten Morgen, als sie erwachte, war er bereits wieder weg, ohne Nachricht, und nur die Decke auf ihr verriet, dass er überhaupt nach Hause gekommen war. Sie war frustriert. Außerdem hatte sie einen leichten Kater, der ihre Stimmung nicht gerade hob. Sie konnte heilfroh sein, dass sie Urlaub hatte und niemand ihre verquollenen Augen kommentieren würde. Nach einem ausgiebigen Frühstück duschte sie, zog sich an und ging in die Stadt. Trotz Libbys Vorschlägen würde sie sich einen heißen Fummel besorgen, in der Hoffnung, Kevin damit wieder locken zu können. Sie klapperte mehrere Geschäfte ab, bis sie in einem Laden landete, der auch Korsagen aus Leder anbot. Sie probierte mehrere an, alle waren hauteng und brachten ihre prallen Brüste zur Geltung. Gut. Sie zahlte und wandte sich zu dem ersten Geschäft, das leichte Dessous im Angebot hatte. Dort erstand sie ein durchsichtiges Negligé, das mehr zeigte als verbarg. Zufrieden mit ihren Einkäufen, nahm sie noch ein leichtes Essen zu sich, dann kehrte sie auf ihren Balkon zurück. Der neue Nachbar links von ihr hatte ihr des Öfteren lüsterne Blicke zugeworfen, daher lugte sie erst vorsichtig um die Ecke, bevor sie sich erleichtert auf einen Liegestuhl niederließ und sich ausmalte, wie sie und Kevin es treiben würden, wenn er erst mal ihre neueste ›Verpackung‹ an ihr entdeckte. Über diesen Gedanken döste sie ein.

***

Ihr Traum begann genau dort, wo ihre Gedanken geendet hatten. Sie träumte, sie würde Kevin in dem heißen Negligé erwarten, das ihre Nippel durchscheinen ließ und ihre Kurven vorteilhaft zur Geltung brachte. Er kam auf sie zu, mit funkelnden Augen, hob seine Hände und berührte sie, strich über ihren Busen und küsste sie lange und intensiv. Sie wurde prickelnd feucht, begehrte ihn schmerzhaft, zog ihn auf sich und entkleidete ihn so hastig, dass er leise auflachte. Dann berührte er sie, an ihrer Muschi, reizte ihre Pflaume, die bereits völlig nass triefte und mehr als bereit für ihn war. Sie flehte ihn an, sie endlich zu vögeln, bitte Kevin, bitte, gibs mir! Er lächelte gierig, so wie immer, würde nur noch ein kleines bisschen zögern, bis er in sie stieß, sie nur noch ein winziges bisschen hinhalten, um ihre Lust zu schüren. Doch dann, gerade als er seinen harten Schwanz in sie tauchen wollte – oh, wie sehr hatte sie sich danach gesehnt! – hörte sie eine weibliche Stimme, die seinen Namen auf sinnliche-erotische Weise rief, und Kevin blickte sie verwirrt an, packte seinen Schwanz wieder ein und war verschwunden.

Carmen erwachte schweißbedeckt mit einem Schrei. Sie schreckte aus dem Liegestuhl so schnell hoch, dass er umfiel und sie auf ihrem Po landete. Auf ihr »Aua!«, folgte ein »Hallo, Frau Nachbarin, kann ich helfen?« Der Lüsterne.

Carmen rappelte sich auf, zischte ein »Nein danke!«, und ging in die Wohnung. Dort versuchte sie, sich zu beruhigen, kochte sich einen Kaffee und dachte nach. Eindeutig: Es war nicht nur Kevin, der ihrer Meinung nach Sex dringend benötigte, sondern auch sie selbst. Außerdem musste die Angst vor einer anderen Frau sehr tief in ihr sitzen, sonst würde sie nicht so einen Mist träumen.

Bis Kevin nach Hause kam, hatte Carmen beschlossen, sich lieber auf Libby zu verlassen als auf ihre sexy Einkäufe. Der Schreck über sein Verschwinden während ihres Traumes war so tief, das wollte sie nicht in real erleben. Eine weitere Zurückweisung auf diese Art würde sie nicht verkraften.

***

Sie schnippelte etwas rohes Gemüse zu einem Salat zusammen und briet ein paar Steaks, weil das Kevins Lieblingsessen war. Tatsächlich kam er pünktlich und blieb positiv überrascht über den leckeren Duft in der Küchentür stehen.

»Mmmm, lecker!«

Carmen nutzte die Gelegenheit und trat lächelnd auf ihn zu, hauchte ihm einen Begrüßungskuss auf die Lippen. Sie hatte Zeit damit verbracht, zu Duschen, sich mit gut riechenden Ölen einzucremen und sich sorgfältig geschminkt. Sie wusste, dass Kevin das mochte. Sie kehrte zu dem Herd zurück, stellte die Steaks und den Salat sowie Grillsoßen auf den hübsch gedeckten Tisch und lud Kevin ein: »Kommst du?«

»Aber ja! Eine Sekunde!« Er verschwand kurz, brachte seine Sachen in sein Arbeitszimmer, kehrte nach einem Abstecher ins Bad sofort zu ihr zurück.

Vielleicht geht Liebe auch über den Magen, schmunzelte sie. Sie plauderte bewusst über unverfängliche Themen, erzählte was über eine Freundin, fragte zwischendurch, wie sein Tag war und merkte an seiner kurz angebundenen Antwort, dass er nicht erzählen wollte. Sie konnten auch miteinander schweigen, was im Augenblick des Essens sowieso angebracht war. Als sie fertig waren, trug sie alles zu der Spüle, säuberte es, während Kevin den Tisch abwischte, das Essen wegräumte und einen Espresso für sie beide aufgoss. Als er sich wieder hinsetzte, trat sie wie zufällig hinter ihn und legte ihre Hände auf seine Schultern. Er zuckte etwas überrascht zusammen, weil sie das noch nie gemacht hatte, wehrte sich jedoch nicht, als sie langsam seine verspannten Muskeln knetete und ihm erzählte, sie habe sich überlegt, ob sie nicht zusammen mal für ein paar Tage wegfahren möchten, irgendwohin, ohne Druck, nur wenn es für ihn in Ordnung war und zeitlich im Rahmen seiner Arbeit machbar. All das schlug sie in plauderndem Ton vor, damit er sich nicht bedrängt fühlte und verstand, dass es nur ein Vorschlag war. Was sie betonte.

Kevin grunzte nur, äußerte sich zunächst aber nicht. Er schien es zu genießen, dass er von ihr massiert wurde, und Carmen hielt es ganze 15 Minuten durch, bis ihr die Finger schmerzten. Zum Schluss strich sie seine Schultern nach rechts und links aus, ließ ihre Hände noch kurz auf ihm ruhen. Kevin drehte halb den Kopf und fragte, ob sie nicht weitermachen könne, doch sie verneinte lächelnd und ließ ihn los.

Bis hierher hat es geklappt, liebste Libby, dachte sie. Und jetzt?

***

Am folgenden Tag berichtete sie ihrer Freundin von ihrem bisherigen Erfolg.

»Prima!« Libby lächelte. Dann gab sie Carmen weitere Anweisungen. Zum Schluss meinte sie: »Wichtig ist, dass DU dich entziehst. Verstanden?«

Carmen war verwirrt, bejahte jedoch. Wo sollte das hinführen, wenn sie sich ihrem Freund entzog? So würde es doch nie zu Sex kommen? Inzwischen ging es ihr fast wie in ihrem Traum vom Vortag. Sie brauchte dringend Kevins hartes Rohr, sonst würde sie irgendwann verrückt werden. Stattdessen musste sie sich mit Sport auspowern, was sie zwar auch gerne tat, aber das kam erst an zweiter Stelle. Nach dem Sex. Seufzend zog sie sich ihre Laufschuhe an. Wenn es nach Libby ging, würde sich die Sache noch ein paar Tage hinziehen.

Abends hielt sie sich an Libbys Anweisungen. Sie trug ein sexy Kleid mit tief ausgeschnittenem Rückenteil und kurzem Rock, von dem sie wusste, dass es Kevin sehr gefiel – und ihn vor allem auf Touren gebracht hatte. Wieder bereitete sie ein leckeres Abendessen zu, verwöhnte ihn anschließend mit einer Schultermassage, die er ganz offensichtlich genoss, und schlug ihm vor, doch sein T-Shirt auszuziehen, damit sie besser an seine Muskeln käme. Sie liebte seine Muskeln. Nachdem sie ihre Hände mit etwas Öl eingerieben hatte, knetete sie seine Verkrampfungen aus den Schultern, freute sich über seine ächzenden Laute, die er von sich gab, und fuhr – Libbys Anweisung – mit den Händen auch mal in Richtung seiner Brustmuskeln. Als er eine Hand hob, um sie festzuhalten, zog sie sie rechtzeitig zurück. Nein, mein Lieber, schmunzelte sie, Libby hat schon recht. Du sollst ein bisschen schmoren. Sie strich seine Schultermuskeln aus, als sie kaum noch Kraft in den Händen hatte, dann hörte sie auf. »Fertig.«

»Schade.« Kevin drehte sich um und wollte nach ihr greifen. Am liebsten hätte sich Carmen auf seinen Schoß gesetzt, ihn dort gerieben, wo sie wusste, dass sein Joystick lauerte und ihn dann geritten, aber! Libbys Anweisung! Also trat sie lächelnd einen Schritt zurück, wandte sich um und ging in das angrenzende Badezimmer, um sich das Öl von den Händen zu waschen. Inzwischen glaubte sie nicht mehr, dass eine andere Frau hinter Kevins Verhalten steckte, sondern vielleicht wirklich ›nur‹ Stress oder Probleme in der Arbeit. Trotzdem gab es ihm ihrer Meinung nach nicht das Recht, ihr, erstens, nichts davon zu erzählen, was ihn bewegte und zweitens, sich aufgrund dessen ihr zu verweigern. Auge um Auge, Zahn um Zahn, dachte sie grinsend, als sie sich im Spiegel betrachtete. Sie wusste, dass sie gut aussah, dass Kevin sie wunderschön fand, aber offensichtlich musste sie ihn wieder daran erinnern, dass es noch andere Männer außer ihm gab. Was nicht heißen sollte, dass sie ihm untreu werden wollte. Wenn Libby recht hatte, dann würde das auch so funktionieren.

Sie gingen zwar gemeinsam zu Bett, doch Carmen drehte Kevin den Rücken zu, was ihr schwerfiel. Sie liebte es, mit ihm zu kuscheln, seinen Stab in ihrer Hand wachsen zu spüren und Kevin so heißzumachen, dass er sich nicht beherrschen konnte. Aber Libbys Anweisung war deutlich gewesen. ›Entziehe dich ihm. Wir reden täglich miteinander, und ich helfe dir weiter.‹

Das folgende Telefonat am nächsten Tag zauberte ein Lächeln auf Carmens Lippen. Sie hatte wissen wollen, worauf das hinauslief, und Libby hatte sich breitschlagen lassen, es ihr bis zum Schluss ihres Planes zu erklären. Danach würde sie noch ein oder zwei Tage so weitermachen, um dann das Finale einzuläuten.

»Und glaub mir, Carmen, er wird völlig aus dem Häuschen sein,« versprach Libby ihr am Telefon.

»Es ist so verdammt schwer, sich ihm zu entziehen. Allein, wie er mich ansieht …,« Carmen seufzte schwer.

»Heißt was?«

»Als ob du das nicht wüsstest. Ich bin drauf und dran, meinen eigenen Freund zu vergewaltigen.«

»Oh!« Libby lachte amüsiert. »Na ja, das kannst du auch. Ich bezweifle, dass er im jetzigen Stadium noch was dagegen hätte. Aber ich bin mir sicher, dass er die vorgeschlagene Variante letzten Endes sehr zu schätzen weiß.«

»Okay.« Carmen atmete tief durch. Wenn sie es schaffte, alle Anweisungen von Libby zu befolgen, dann sollte es sich tatsächlich lohnen.

Sie legten auf und Carmen bereitete sich auf Kevin vor. Sie musste sich gegen diese Augen wappnen, die sie so hungrig wie früher beobachteten, als sie fast jeden Tag gierig übereinander hergefallen waren. Kein Ort war ihnen zu schade gewesen, um dort Sex zu haben: auf dem Küchentisch, dem Sofa, auf seinem Arbeitstisch, auf dem Boden, in der Dusche, im Stehen an der Wand, auf allen vieren, auf einem Stuhl. Sie waren unersättlich nacheinander gewesen, konnten die Hände nicht voneinander lassen. Dass sie es nicht in der Öffentlichkeit miteinander getrieben hatten, war ein Wunder. Nur allmählich war ihr Sexleben ruhiger geworden, der Alltag hatte sich eingeschlichen, aber so verstohlen, dass sie erst spät gemerkt hatte, dass ihr Sex eingeschlafen war. Sie sehnte sich nach den früheren Zeiten zurück und hoffte, durch Libbys Anweisungen wieder dazu zu kommen. Es erforderte jedoch gerade heute äußerste Beherrschung von ihr, und sie wusste nicht, ob sie das schaffte. Als sie auf den Kalender blickte, dachte sie weiter nach. Wenn sie heute und morgen durchhielt, dann wäre Wochenende und es würde viel leichter werden, das Finale durchzuziehen. Sie straffte die Schultern. Sie musste es schaffen, Kevin – und vor allem sich selbst – noch zwei Tage lang hinzuhalten. Wenn sie jedoch daran dachte, ihn gleichzeitig immer mehr locken zu müssen, wurde ihr schwindelig.

An diesem Abend vibrierte sie vor Spannung, gab sich jedoch betont locker. Sie trug ein knappes Höschen und ein

Trägertop, das Kevin sichtbar den Mund wässrig machte. Seine Haut schien zu knistern, als sie seine Schultern massierte, und zwischen ihren Schenkeln spürte sie die Feuchtigkeit, die – das wusste sie mit Sicherheit – nicht von der Hitze kam. Trotzdem schaffte sie es, sich ihm zu entziehen, bevor er sie packen konnte. Sein enttäuschter Blick folgte ihr bis in das Badezimmer, wo sie sich das Öl von den Händen wusch. Nur noch ein bisschen, mein Süßer, nur noch ein bisschen, dachte sie. Natürlich war ihr bewusst, wie sie auf ihn wirkte, seine Blicke, sein Verhalten zeigten es ihr. Es fiel ihr unglaublich schwer, sich nicht auf ihn zu stürzen, doch sie dachte fortwährend an Libbys Anweisungen und hielt sich tapfer daran.

»Du wirst es schaffen, Süße,« hatte diese gesagt. »Und nicht glauben, was du erlebst, und wie sinnlich es ist.« Lohnte es sich nicht, dafür einen heftigen Fick auszuschlagen? Sie hörte die Wohnungstür klappen und sah nach. Kevin war verschwunden, offensichtlich frustriert, weil er sie nicht haben konnte. Sollte sie sich jetzt Sorgen machen, dass er sich woanders Entspannung suchte? Wieder dachte sie an Libby: »Es kann sein, dass er völlig frustriert ist, weil du ihn hinhältst und nicht erklärst, wieso, zum Beispiel, weil du gerade den Erdbeermond anheulst. Lass ihn. Soll er ein bisschen schmoren, schließlich hat er das Gleiche mit dir gemacht – und das wesentlich länger, als du ihn jetzt hinhältst.«

»Denkst du, er könnte sich in diesem Zustand spontan eine andere suchen, die ihn vögelt?«

Libby hatte gelacht. »Nun, so was kann immer passieren, aber ich glaube nicht, dass Kevin zu diesen Männern gehört. Da müsste ich mich schon sehr täuschen.« Beruhigt hatte Carmen das Gespräch beendet. Auch jetzt, als sie sich an diese Worte erinnerte, schmunzelte sie in sich hinein. Sie hielt große Stücke auf Libby und ihre Menschenkenntnis. Oft behielt sie den Überblick, wenn Carmens Temperament mit ihr durchging.

Auch heute ging sie früh zu Bett, versuchte einzuschlafen und ihre Erregung zu ignorieren. Als die Wohnungstür klappte, war es schon spät, und Carmen schloss die Augen und tat so, als ob sie bereits schliefe. Sie hörte Kevins Kleidung rascheln und roch seine Alkoholfahne. Gut, dachte sie. Solange du nur ein paar Bier trinkst und nicht von einer anderen Frau naschst, sei es dir gegönnt. Beruhigt schlief sie ein.

***

Den folgenden Abend verbrachte sie mit Libby.

»Ich halte es nicht aus,« klagte sie. »Ich würde es heute nicht schaffen, mit ihm im Raum zu sein, ohne über ihn herzufallen – oder ihn an mich ranzulassen.«

Ihre Freundin lächelte.

»Willst du hier übernachten?«

Carmen schüttelte den Kopf. »Nein, lieber nicht. Sonst denkt er womöglich, ich hätte jemanden kennengelernt.« Sie grinsten sich an. Genau diese Sorge brauchte er tatsächlich nicht zu haben, dachte Libby. Carmen liebt ihn nach wie vor, ist so heiß auf ihn, dass er sich das in den letzten Tagen wohl gar nicht mehr vorstellen kann. Sie nickte. »Dann bleib am besten so lange, dass du unbeschadet in dein Bett kommst.« Carmen kicherte. Zu Fuß brauchte sie nur zehn Minuten bis nach Hause, was ihr erlaubte, ein paar Gläser Wein mit ihrer Freundin zu genießen. Tatsächlich wurde es ziemlich spät, als sie weinselig nach Hause schwebte. Keine Gefahr also, von Kevin in diesem Zustand überfallen zu werden – er mochte sie am liebsten nüchtern, damit sie auch alles mitbekam, was er mit ihr so anstellte. Woran sie jetzt besser nicht dachte, schalt sie sich, als sie die Wohnungstür aufschloss. Sie versuchte, möglichst leise zu sein, streifte sich die Schuhe ab, die auf den Boden polterten, sowie ihre Kleidung auf dem Weg in das Badezimmer. Dort wusch sie sich das Gesicht, wankte in ihr Bett und plumpste schwer darauf. Das leise Schnarchen neben ihr störte sie nicht, sie selbst war sofort eingeschlafen.

***

Der Kater am nächsten Morgen ließ sich nur durch ein entsprechendes Frühstück und viel Kaffee vertreiben. Kevin hatte sie auch heute ausschlafen lassen und war zur Arbeit gegangen. Carmen fiel ein, dass heute Abend das große Event zwischen ihnen stieg – aber so, wie sie im Moment beieinander war, fragte sie sich, wie sie das schaffen sollte. Sie rief Libby an, die sie mit müder Stimme begrüßte.

»Hm?«

»Guten Morgen, Libby. Bist du wach?«

»Hm.«

»Hast du auch einen Kater?«

Gähnen. »Hm!«

»Ich glaub, der Wein war zu viel. Ich weiß gar nicht, wie ich das schaffen soll heute Abend!«

»Hmmmm …«

Mehr brachte Carmen nicht aus ihr raus. Sie legte auf und widmete sich einer heißen Dusche, der sie kaltes Wasser folgen ließ. Immerhin bekam sie einen klaren Kopf. Sie überlegte, welche Utensilien sie benötigte und blickte immer wieder auf die Uhr. Den Tag verbrachte sie mit verschiedenen kleinen Vorbereitungen, warf den Backofen an, stellte Kerzen auf. Heute, mein Süßer, wirst du dich nicht vor mir retten können, dachte sie grimmig. Am späten Nachmittag war sie fertig. Sie legte eine Augenbinde bereit, dann wartete sie auf Kevin. Das Einzige, was ihr jetzt noch dazwischen kommen könnte, war sein Frust, den er nochmals in einer Bar ersaufen würde. Doch als die Wohnungstür pünktlich klappte, legte sie erleichtert das Buch weg.

»Hi!« Sie begrüßte ihn mit einem leichten Kuss, nahm ihm einfach seine Tasche ab und stellte sie weg. Dann lächelte sie und meinte: »Ich habe eine Überraschung für dich. Aber zuerst kannst du duschen gehen, hm?« Er sah sie verwirrt an, nickte jedoch. »Ja, klar. Was für eine Überraschung?«

»Wirst du schon sehen. Bis gleich.« Damit schob sie ihn zum Badezimmer. Üblicherweise duschte er, bevor er zu Bett ging, doch darauf wollte sie nicht warten. Sie trug ein Tablett in das gemeinsame Schlafzimmer, dann postierte sie sich mit der Augenbinde vor der Badezimmertür. Nach kurzer Zeit öffnete sie sich, und ein lecker duftender Kevin mit verstrubbelten feuchten Haaren erschien in dem Bademantel, den sie bereitgelegt hatte. Carmen hätte ihn am liebsten sofort angeknabbert, aber … Libbys Anweisungen! Daher drehte sie ihn um, erklärte, die Augenbinde sei für die Überraschung nötig, und legte sie ihm um. Dann führte sie ihn in das Schlafzimmer, setzte ihn auf das Bett und fütterte ihn mit den kleinen Pasteten, die sie den Tag über gebacken hatte. Dazu reichte sie ihm ein Glas kühlen Wein, an dem er erstaunt nippte. »Muss ich die Binde immer noch tragen?«

»Ja, die ganze Zeit, bitte. Und du darfst absolut NICHTS machen.«

»Nichts?«

»Nichts.«

Sie hoffte, alles richtig zu machen, als sie begann, sich auszuziehen. Sie nahm sein leeres Glas, stellte den CD-Player mit Entspannungsmusik an und kniete sich hinter Kevin. Seinen Bademantel streifte sie ihm von den Schultern, nahm eine Flasche mit duftendem Öl und begann, ihn einzureiben. Er schnurrte fast. Seine Muskeln bebten unter ihren Händen. Als sie ihn mit heiserer Stimme bat, sich auf den Bauch zu legen, gehorchte er ohne Widerworte. Sie betrachtete seinen knackigen Hintern, der sich ihr entgegen reckte, seine muskulösen Oberschenkel, die kräftigen Schultern und Arme, auf denen sein Kopf ruhte. Sie träufelte Öl über seinen Körper, begann auf seinem Rücken, ließ es über die verführerische Rundung seines Hinterns laufen und endete bei seinen Oberschenkeln. Dann verteilte sie alles mit ihren Händen, knetete und massierte seine Arme und Beine zuerst, bevor sie sich seinem Rücken zuwandte und zum Schluss über seine Pobacken strich. Sein Atem ging schneller, doch er rührte sich nicht. Dann bat sie ihn, sich umzudrehen, und er zögerte, was sie zum Schmunzeln brachte. Als er endlich auf dem Rücken lag, bewunderte wie so oft sein bestes Stück, das halb erigiert vor ihr lag. Sie dachte wieder an Libbys Anweisungen und berührte es nicht. Stattdessen widmete sie sich erneut seinen Armen, goss Öl auf seine Brust und den Bauch sowie seine Beine, bis er wie ein knackiges Stück Fleisch, das gleich in die Pfanne gelegt werden sollte, glänzte. Tatsächlich lief ihr das Wasser im Mund zusammen, als sie ihn so betrachtete. Und während sie das Öl langsam in seine Haut massierte, beobachtete sie seine Reaktion. Er lag still da, fast, als ob er schlafen würde. Na warte, dachte Carmen. Dir werde ich einheizen. Sie bewegte ihre Hände in Richtung seiner Oberschenkel, massierte dort die Innenseite und stellte vergnügt fest, dass sowohl sein Atem schneller ging, als auch sein Schwanz sich meldete. Sehr schön, schmunzelte sie. Trotzdem würde er warten müssen. Nachdem sie alles Öl auf ihrem knusprigen Freund verteilt hatte, schmierte sie ihre eigene Haut mit dem, was auf ihren Händen war, ein. Dann vergewisserte sie sich, dass er durch die Augenbinde nichts sehen konnte und kletterte über ihn. Sie beugte sich vor und streifte mit ihren Nippeln über seine Brust, näherte sich seinen Lippen und küsste ihn, langsam, intensiv. Er öffnete seinen Mund, griff nach ihr, doch sie flüsterte: »Pssst. Du darfst nichts machen.« Enttäuscht ließ er die Arme wieder sinken, widersprach jedoch nicht.

Carmen rieb ihren Körper an ihm. Durch das Öl auf ihrer beider Haut war das Empfinden intensiv und entlockte ihnen beiden ein Keuchen. Unbeirrt presste sie ihre Brüste auf ihn, bewegte sich, reizte ihn und jedes Mal, wenn er sich rührte, befahl sie ihm, sich nicht zu bewegen. Auch das fachte seine Erregung an. Sein Stab war inzwischen zu beachtlicher Größe herangewachsen und forderte ihren Tribut. Als sie ihn zwischen ihre Hände nahm, stöhnte Kevin laut auf. Carmen beherrschte sich noch, sie widmete sich ausgiebig diesem göttlichen Schwanz, massierte ihn mit Öl, vergaß auch die dazugehörigen Eier nicht, und lauschte mit wachsender Erregung dem Stöhnen und Keuchen ihres Freundes. Ihr selbst pochte es schon längst zwischen den Schenkeln, sie war nass und troff vor Lust. Nach allem, was Libby ihr gesagt hatte, ging es darum, Kevin soweit zu bringen, dass er es schaffte, seinen Orgasmus zurückzuhalten. »Dann kannst du ihn reiten, bis er schreit – und du auch,« hatte sie gelächelt. Carmen hoffte, dass ihr das gelingen würde. Bis jetzt lief alles gut; sobald sie den Eindruck hatte, Kevin würde gleich platzen, massierte sie ihn an einer anderen Stelle. Er hielt lange durch.

Irgendwann begann sie wieder, sich auf ihn zu legen, ihn mit ihrem Körper zu massieren. Kevin warf den Kopf lustvoll keuchend hin und her, er bettelte darum, sie endlich vögeln zu dürfen. Carmen küsste ihn, spielte mit seiner Zunge, die sie leidenschaftlich eroberte.

»Nein, Süßer, ICH werde dich vögeln. Und du darfst erst kommen, wenn ich es dir sage,« schnurrte sie. Er stöhnte, hielt den Atem an, als sie sich endlich auf ihn setzte. Sein Schwanz glitt in sie, füllte sie aus – endlich! – und pulsierte in ihr, dass es ihr den Atem nahm. Langsam hob und senkte sie ihr Becken, beobachtete seine Reaktion. Sie hielt seine Arme fest, um zu vermeiden, dass er ihre Hüften packte und sie heftig von unten fickte. Sie war es, die – laut Libbys Anweisungen – bestimmen und die Zügel bei diesem Ritt in der Hand behalten sollten. Also beherrschte sie sich noch immer, obwohl sie ihm am liebsten den Verstand rausgevögelt hätte, hob und senkte sich langsam und gemächlich, bis sie den Eindruck hatte, dass er sich an die Reibung gewöhnte. Nun konnte sie das Tempo anziehen, was ihm weiteres Stöhnen entlockte. Sein Mund war geöffnet, sein Atem ging keuchend. Carmen spürte ihn in sich, er machte sie wahnsinnig, wie hatte er sie nur so lange nicht ficken können? Sie griff hinter sich und massierte seine Eier, die sich vor Lust zusammenzogen. Dann hielt sie urplötzlich inne, saß still auf ihm und beobachtete seine Reaktion, als sie ihre Scheidenmuskeln zusammenzog. Er keuchte. Zuckte zurück. Zur Antwort zog sie wieder zusammen. So wechselten sie ab, wurden immer schneller, von außen bewegten sie sich nicht, doch die Massage, die sie jetzt seinem Schwanz zukommen ließ, erregte sie beide. Carmen bewegte sich wieder, sie hielt es nicht mehr aus, sie brauchte diesen Fick, die Erlösung, und holte sich jetzt alles. Wild hüpfte sie auf ihm, ließ zu, dass er ihre Brust mit seinen Händen knetete, warf den Kopf zurück. Beide stöhnten immer lauter, Carmen spürte, wie ihr Orgasmus heranrollte, sie ließ sich auf der Welle mittragen und sich davon wegspülen. Als sie schrie und auf Kevin zuckte, brüllte dieser seine Lust hinaus, presste sich tief in sie und explodierte.

***

»Verdammt, wo hast du das bloß her?«

Carmen lag wohlig ermattet auf seiner Brust, roch das Öl und hörte seinen Herzschlag.

»Was?«

»Was du mit mir angestellt hast. Das hast du noch nie mit mir gemacht. Es war der Hammer!«

»Och …« sie lächelte in sich hinein. Libby hatte recht gehabt. Es war sinnlich, erotisch und obergeil gewesen. Aber Kevin wollte es genauer wissen. Er rückte zur Seite und sah ihr lächelnd in die Augen.

»Gestehe.«

»Nö.«

»Warum nicht?«

Carmen grinste breit.

»Libbys Anweisungen.«

Der Club

Zu seinem 18. Geburtstag erhielt Andy einen Gutschein von seinen Freunden. Sie hatten zusammengelegt und für ihn einen Aufenthalt in einem bekannten FKK- und Wellness-Klub gebucht. Selbstverständlich wollten sie dabei sein. Denn in diesem Klub arbeiteten besonders hübsche Escort-Damen, die einem jungen Mann – gegen das nötige Kleingeld natürlich – die Entspannung schenkten, nach der sich Besagter in seinem testosterongesteuerten Wahn so sehr sehnte. So ganz uneigennützig war das Geschenk an Andy also nicht, doch der zuckte lässig mit den Schultern und meinte: »Na ja, dann feiern wir eben dort.«

Doch so cool Andy sich auch gab, seine Freunde wussten, dass er noch nie eine Frau gevögelt hatte. Daher ja auch der Gutschein. Er beinhaltete den Eintritt zu dem Spa- und Wellnessbereich, diverse Freigetränke und die Nutzung sämtlicher Einrichtungen. Doch was die Begleitung einer Escort-Dame betraf, so musste sie extra bezahlt werden und war nicht im Preis inbegriffen, weil die Frauen auf selbstständiger Basis arbeiteten. Andys Freund hatten nicht viel Geld, aber sie versicherten ihm, er brauche sich lediglich eine Frau auszusuchen, sie würden das dann schon regeln.

Die Anfahrt verlief fröhlich – Andy saß hinten in dem kleinen Bus, seine Freunde Sammy, Toni, Bernd, Daniel, Erik und Ivan um ihn herum. Sie hatten extra einen Fahrer organisiert, damit keiner von ihnen nüchtern bleiben musste bei der Fete. Daniel ließ eine Sektflasche kreisen und ließ den Gettoblaster laufen. Innerhalb von einer halben Stunde würden sie die ersten sexy Girls sehen, was eine gewisse Unruhe und Vorfreude bei allen weckte. Andy war verdammt unsicher, was von ihm erwartet wurde. Natürlich wusste er, dass seine Freunde wussten, dass er wusste, dass sie es wussten – nämlich, dass er noch nie gepoppt hatte. Und natürlich war es für ihn ein Anliegen, bei seinem ersten Mal möglichst gut abzuschneiden. Wobei er sich insgeheim fragte, was man da falsch machen konnte? Nur Sammy hatte ebenfalls noch nie gevögelt, alle anderen schienen sich auszukennen. Aber Sammy war auch ein besonderer Kauz, lief mit Nerdbrille rum und karierten Hemden samt Cordhose. Wahrscheinlich würden ihm die Augengläser beschlagen, wenn er eine nackte Frau sah. Andy grinste in sich hinein.

***

Ihr Chauffeur ließ sie an dem Vordereingang raus und suchte sich einen Parkplatz. Es war verabredet, dass sie ihn in der Nähe des Eingangs in ein paar Stunden wieder treffen würden, irgendwo an der Bar. Sie liefen geschlossen durch die Drehtür und sahen sich gründlich um. Erik war schon einmal hier gewesen und kannte sich aus. Er erklärte ihnen, dass jeder Gast bei Betreten des Wellnessbereiches saubere Tücher, Badelatschen und Bademantel bekäme, alles desinfiziert.

»Wieso, gibt es da giftige Leute?«

»Nur, wenn man sie ärgert.«

Außerdem sagte Erik, dass keine der Damen die Herren ansprechen würde oder Getränke verlangen, wie es in Bordellen üblicherweise sei. Dort finanzierte sich das Haus oft über den Umsatz der Getränke, während die Huren, da selbstständig, den größten Teil ihrer Einnahmen behielten.

Mist, dachte Andy. Was tun, wenn Mann schüchtern ist?

»Für gerade 18-Jährige gibt es natürlich Ausnahmen,« grinste Erik mit einem Blick zu ihm hinüber.

»Hä?«

»Ja, es wird davon ausgegangen, dass die angehenden jungen Männer zu schüchtern sind, um ein Mädchen anzusprechen. Deshalb werden sie auf deinen Blickkontakt achten. Wenn du länger mit einem sexy Girl Blicke austauschst, wird sie dich vorsichtig ansprechen.«

Uh. Das klang gut. Andy nickte cool. Und fragte sich, woher die wussten, wie alt er war.

»Ich habe dein Alter übrigens angegeben.«

Okay. Frage beantwortet.

***

Sie erhielten Klubausweise an der großzügig geschnittenen Rezeption, dann wandten sie sich nach links, traten durch eine Holztür, wanderten mehrere ausgeschilderte Gänge entlang und betraten den Wellness-Bereich. Gleich an der Glastür kam eine hübsche Blondine lächelnd auf sie zu, begrüßte sie, reichte jedem sein Wellness-Paket und wünschte ihnen einen schönen Aufenthalt. Die Jungs steuerten auf eine Reihe verborgen liegender Spinde zu, wo sie sich entkleideten und in die Bademäntel hüllten. Sie trafen sich wie verabredet an der riesigen Bar, die sich über die gesamte Länge der Halle erstreckte. Hier befanden sich mehrere kleine Pools, Palmen lockerten das Ambiente auf, Wasserspiele plätscherten und diverse Liegen und kleine gemütliche Sitzecken, auf denen sich bereits ein paar hübsche Ladys befanden, waren strategisch verteilt. Andy musterte jede Einzelne; sein erstes Mal sollte einzigartig sein und bedurfte einer einzigartigen Frau. Aber wenn er sich die Mädchen hier so ansah, musste er zugeben, dass die Auswahl schwer würde. Er setzte sich auf einen Barhocker neben Erik, bestellte eine Coke und beobachtete erst mal die Lage.

Es gab auch männliche Angestellte hier, zum Beispiel der Barkeeper. Er war groß, dunkelhaarig, hatte ein sympathisches Gesicht und wachsame Augen. Offensichtlich hatte er außer der Bedienung der Gäste die Aufgabe, auf die Mädchen ein bisschen aufzupassen. Auch der Typ, der mit Handtüchern, Bademänteln und Schlappen herumhantierte, beobachtete die Männer, die gerade neu kamen. Gab es öfter Probleme mit Kerlen, die die Mädels schlecht behandelten? Er fragte Erik.

»Ja, manche Kerle denken, die Frauen wären Schlampen, mit denen man beliebig umspringen könnte. Aber sie sind genauso Gäste wie wir, weil sie auf selbstständiger Basis arbeiten.«

Andy war erstaunt. Unter Prostituierten hatte er sich billig geschminkte Gesichter und derbes Verhalten vorgestellt. Frauen, die sich verkauften und nicht einmal hübsch wären. Aber die Mädels hier sahen völlig normal aus. Klar, sie zeigten ihre makellosen Körper, trugen Bikinis, zumindest hier in dem Bereich. Aber soweit er mitbekommen hatte, gab es hier FKK, das heißt, sie wären nackt. Er machte sich leise Sorgen um seinen leider selbstständig denkenden Freund zwischen seinen Beinen. Oft genug hatte er sich verräterisch erhoben und seinen Besitzer damit fast lächerlich gemacht. Doch wenn er bedachte, wo er sich hier befand – und dass dieses Verhalten hier wohl nicht ungewöhnlich wäre – sollte er eigentlich entspannt sein. Oder?

***

Sie hatten ihre Gläser ausgetrunken und beschlossen, in die unendlichen Weiten des Wellnessbereiches vorzudringen. »Vordringen!«, kicherte Sammy nervös. Seine Brille war, wie Andy es prophezeit hatte, beschlagen. Sammy würde sich ernsthaft überlegen müssen, ob er ohne sie vielleicht sogar besser sehen konnte. Sie tappten im Gänsemarsch hinter Erik her, den sie unausgesprochen zu ihrem Anführer erklärt hatten, weil er sich auskannte. Er führte sie auf eine riesige Liegewiese mit mehreren Pools, in denen sich Männer und Frauen tummelten. Alle waren nackt – das also war der FKK-Bereich. Andy spürte, wie sein Glied sich regte angesichts der schönen Brüste und schmalen Hüften der Frauen. Glücklicherweise war er noch im Bademantel – der ihm jedoch jetzt von einer hübschen Brünetten streitig gemacht wurde.

»Mein Herr, den darf ich Ihnen doch gewiss abnehmen?«

Andy war zu verdutzt, als dass er sich hätte wehren können. Flink hatte sie den Mantel von seinen Schultern gestreift, und er stand in seiner ganzen männlichen Pracht da. Sammy starrte auf seinen Schwanz, der halb erigiert war, und wurde rot. Erik grinste, die anderen beachteten ihn gar nicht, sondern waren damit beschäftigt, sich an den barbusigen Frauen sattzusehen.

»Kommt.« Erik steuerte auf eine Gruppe Liegen zu und ließ sich darauf nieder. Andy drehte sich vorerst auf den Bauch, damit sein Stab nicht für alle sichtbar war. Oder sollte er lieber ins Wasser gehen? Denn jetzt hatte er volle Sicht auf eine Gruppe nackter Frauen, die ihre glänzenden Körper sonnten. Was auch von Vorteil war, so konnte er sie ausgiebig begaffen und sich überlegen, welche von ihnen ihm gefallen würde.

Da war eine Rothaarige mit üppigen Brüsten und kurviger Hüfte. Dann eine Asiatin, schlank, feingliedrig, schwarze Haare und knabenhafter Figur. Zwei Brünette, die eine kurz-, die andere langhaarig, beide jedoch mit kleinen Brüsten und rosa Knospen sowie brauner Haut. Und eine Blonde. Die gefiel Andy am besten. Ihre Haut war knackig braun, ihr Gesicht schmal, der Busen perfekt. Und als sie sich auf den Bauch drehte und einen Blick zu ihm hinüberwarf, sah er ihren knackigen Hintern. Sein Penis begann zu schmerzen vor Erregung. Ob es dieses Mädchen wäre?

Seine Kumpel kommentierten inzwischen das, was sie im Wasser sahen.

»Die Braunhaarige ist süß. Genau das, was ich mir vorstelle.« Daniel sah sehnsuchtsvoll hinüber. Die junge Frau, die sich dort mit ihren Kolleginnen eine Wasserschlacht lieferte, kicherte laut.

»Dann geh doch zu ihr«, meinte Erik.

»Echt jetzt? Einfach so?«

»Ja. Sie wird dich nicht ansprechen, sondern darauf warten, dass du Interesse zeigst. Keine dieser Frauen drängt sich auf.«

»Geil.« Daniel erhob sich mutig. Sein langer Penis baumelte von ihm runter, als er in das Wasser stieg und sich zu den Frauen gesellte. Die nahmen ihn sofort lachend in ihre Mitte auf und spritzten ihn nass.

Ivan, Toni und Bernd erhoben sich ebenfalls. Sie schlenderten um die Becken herum, diskutierten offensichtlich, wer welche Frau wollte und entschieden sich dann, sich unter eine Gruppe Mädchen zu mischen, bei denen auch Männer im Wasser standen. Im Prinzip mussten die drei Freunde erst mal herausfinden, welches Mädchen noch ›frei‹ war. Nach kurzer Zeit kam Ivan enttäuscht zurück.

»Die Kleine war schon vergeben. Der Typ hat mir nen Dreier vorgeschlagen, aber darauf steh ich nicht.«

Sammy wurde wieder rot, als er das hörte. Er hockte auf seiner Liege, die Arme verschränkt, die Beine zusammen, damit niemand seinen harten Penis sah, den er zu verbergen versuchte. Nur Andy hatte zufällig sein Gerät gesehen. Es war gigantisch. Sammy hatte keinen Grund, sich zu schämen, im Gegenteil. Wenn er nicht so schüchtern wäre, könnte er gleich zwei Frauen damit beglücken. Aber wie Andy selbst hatte er noch nie gevögelt, obwohl er weit über 18 war. Andy flüsterte leise mit Erik.

»Wir müssen Sammy helfen.«

»Wieso?«

»Der platzt gleich. Aber der hat auch noch nie.«

»Hm. Was sollen wir tun?«

»Na ja, ich dachte, weil du dich doch hier schon auskennst … könntest du nicht eine für ihn suchen?«

Erik hob erstaunt die Augenbrauen. »Woher soll ich wissen, welche ihm gefällt?«

»Okay, das kann ja ich rausfinden.«

Andy erhob sich und hockte sich neben Sammy, der mit beschlagener Brille in die Gegend schaute.

»Hey, Sammy.«

»Hm?«

»Welche gefällt dir denn?«

Sammy hustete verlegen. »Och …«

»Nein, sag mal. Die Schlanke da drüben?«

Sammy schüttelte den roten Kopf.

»Welche dann?«

Andy musste ein paar Minuten warten, bis Sammy leise sagte: »Die dritte von rechts. Auf den Liegen dort drüben.«

Andy spähte über die Köpfe der Badenden hinweg. Die Dritte von rechts … Er war überrascht. Die Dritte von rechts war ziemlich üppig. Sie hatte hochgesteckte, mausbraune Haare und cremte sich gerade ein. Sie war hübsch, keine Frage, halt nicht Andys Geschmack, der eher die schlanken Frauen mochte. Er musste grinsen, wenn er sich die üppige junge Frau mit dem spindeldürren Sammy vorstellte, aber warum eigentlich nicht?

»Okay.« Er kehrte zu Erik zurück und sagte ihm, wen Sammy bevorzugen würde. Erik spähte hinüber, hob wieder erstaunt die Brauen und dachte offensichtlich das Gleiche wie Andy. Er erhob sich. Viele der Mädchen um sie herum drehten die

Köpfe, denn Erik war groß, muskulös, mit breiten Schultern und knackigem Hintern. Er trainierte mehrmals in der Woche. Jetzt ging er mit lässigen Schritten um den rechten Pool herum auf die Gruppe zu, wo sich die bevorzugte Dame von Sammy befand. Sammy wurde hochrot, als er das sah. Sein Gesicht verzerrte sich enttäuscht.

»Ruhig, Brauner! Nicht aufregen. Erik will nichts von ihr.« Andy beschwichtigte Sammy, der jetzt wie ein Fragezeichen hinüber starrte.

Erik war bei dem üppigen Mädchen angekommen und redete auf sie ein. Er musste den Standort der Jungs gut beschrieben haben, denn er wies nicht in ihre Richtung, trotzdem sah sie hinüber und schien Sammy anzulächeln. Nach ein paar Minuten nickte sie verständnisvoll, und Erik kehrte mit einem zufriedenen Lächeln zurück.

»Was hast du von ihr gewollt?«, quetschte Sammy hervor. Noch immer war er misstrauisch.

»Sie fragen, ob sie dich kennenlernen mag.«

»Was?!« Sammy verschluckte sich. Als er wieder Luft bekam, fragte er: »Was hat sie gesagt?«

»Sie hat ja gesagt.«

Jetzt starrte Sammy intensiv hinüber. Andy dachte, er würde das Mädchen verbrennen, so glühten seine Augen. »Wann?«

»Sie wird auf dich zukommen.«

»Echt?«

»Ja, echt.« Erik wechselte einen Blick mit Andy und nickte. Es war wohl eine gute Tat von ihnen, Sammy zu helfen. Und so, wie die junge Frau aussah, würde sie garantiert mit ihm umgehen können. Was Andy wieder darauf brachte, wie er seiner bevorzugten Lady nahekommen könnte. Er drehte sich wieder um und stellte enttäuscht fest, dass die hübsche Blondine verschwunden war.

***

»Hast du schon mal was von erotischer Massage gehört?« Erik saß neben Andy und genoss die Aussicht. Die glänzenden barbusigen Frauenkörper, die sich im Wasser tummelten, heizten die Männer um sie herum an. Die ersten von ihnen gingen auf Tuchfühlung.

»Nein.« Andy wusste nicht, was er sich darunter vorstellen sollte.

»Kann ich nur empfehlen. Als ich das letzte Mal hier war, habe ich das ausprobiert,« erzählte Erik. Er erklärte, was dabei gemacht wurde, und dass – anders als bei ›normalen‹ erotischen Massagen – der Kunde den Sex dazu buchen konnte. Andy horchte interessiert auf. Erik schaute sich um.

»Vorhin habe ich eine Masseurin hier gesehen, aber sie ist wohl gegangen,« meinte er. »Und wie oder wo muss ich hin, um so eine Massage zu bekommen?«

Erik erklärte es ihm. Mit seinen 20 Jahren war er der Älteste der Gruppe, was er zwar nie raushängen ließ, aber er war der geborene Anführer. Andy nickte und meinte: »Okay. Dann mach ich mich mal auf den Weg.«

»Bis später.«

***

Andy erhob sich. Sein Schwanz war wieder in sich zusammengefallen, worüber er für den Moment froh war. Er vermied Blicke auf nackte Busen und knackige Hintern und ging zu dem Eingang, wo sie die Bademäntel abgegeben hatten. Dort erhielt er einen neuen, warf ihn über und folgte Eriks Beschreibung zu den Massageräumen. Dort fand er eine attraktive Frau vor, die ihn lächelnd musterte.

»Hallo, was kann ich für Sie tun?«, begrüßte sie ihn. Andy wurde rot, als er sein Anliegen erklärte, doch sie nickte verständnisvoll und führte ihn in einen gemütlichen Raum mit

Decken und Kissen auf dem Boden, leiser Musik und in hellen Farben gestrichenen Wänden. Andy setzte sich in einen bequemen Sessel. Die Frau erklärte ihm, dass gleich jemand kommen würde, und ging.

Nach wenigen Minuten öffnete sich die Tür und ein blondes Mädchen trat ein. Sie war in bequeme Joggingsachen gekleidet und begrüßte ihn lächelnd. Andy sah sie an und erkannte, dass es die Blonde war, die er am Pool gesehen hatte. Leicht aus der Fassung grinste er sie schief an.

»Ich bin Sabrina, wie heißt du?«

»Andy.«

»Schön, dass du da bist, Andy. Hattest du schon einmal eine erotische Massage?«

Er schüttelte verlegen den Kopf.

»Das ist spannend,« lächelte sie. »Dann hoffe ich sehr, dass es dir gefallen wird.«

Wenn du mich dabei vögelst, dachte Andy, dann mit absoluter Sicherheit. Während sie ihm den Ablauf erklärte und mit gezielten Fragen herauszufinden versuchte, was ihm gefallen würde und was nicht, betrachtete er ihr hübsches lebhaftes Gesicht, ihre Figur, die sich unter der weiten Kleidung abzeichnete und dachte daran, wie sie nackt aussah. Ihre Fragen beantwortete er fast abwesend. Zum Schluss des Gespräches fragte sie ihn, ob er Handentspannung bevorzuge oder GV. Andy war verwirrt, er kannte die beiden Ausdrücke nicht. Sie sah es ihm an, lächelte liebreizend und fragte: »Wichsen oder Vögeln?«

»V …, Vögeln.«

»Ist auch das dein erstes Mal?«

Er nickte mit hochrotem Kopf. Wie war er nur in diese Lage gekommen? Seine Freunde waren schuld!

»Dann wird es ein besonderes Erlebnis, Andy,« sagte sie

sanft, zeigte ihm den Weg in die Dusche und bat ihn, sich sehr gründlich zu reinigen, »auch an den schwer zugänglichen Stellen.« Wenigstens das kapierte er. Hastig zog er den Bademantel aus, fand Duschzeug und frische Handtücher in der kleinen Kabine, benutzte die Toilette, stellte sich unter die Dusche und säuberte sich so gründlich wie möglich. Er wollte sich keine Blöße geben. Dann trocknete er sich gründlich ab, frottierte seine Haare, warf den Bademantel wieder über und kehrte zu Sabrina zurück.

Sie hatte angenehm duftende Kerzen entzündet, die den Raum in ein warmes Licht tauchten. Außerdem bot sie ihm ein erfrischendes Getränk an. Er nippte an dem Glas, es schmeckte fruchtig und nach Minze. Sabrina lächelte ihn an. Sie bat ihn, sich auf die Decken zu legen, zunächst auf den Bauch, und den Bademantel auszuziehen. Er gehorchte. Als er bequem lag und seinen Kopf auf die Arme gebettet hatte, hörte er Kleidung rascheln. Er spürte ihren Körper, der sich neben ihn hockte, lauschte, wie sie mit verschiedenen Fläschchen hantierte und spürte etwas Öliges auf seinen Rücken tropfen.

»Ich verteile jetzt das Massage-Öl auf deinem Körper, Andy. Ich werde es einmassieren und dabei deine Muskeln bearbeiten. Lass dich fallen, spüre deinen Körper, deine Muskeln, deine Empfindungen. Es gibt nichts, keine Reaktion, für die du dich in dieser Zeit hier bei mir schämen müsstest oder die dir peinlich sein müsste. Genieße deine Empfindungen. Diese Zeit gehört ganz dir.« Ihre sanfte Stimme klang verführerisch einlullend. Doch Andy wurde tatsächlich ruhiger. Er versuchte, nicht darüber nachzudenken, was sie über ihn denken mochte, sondern sich auf ihre Berührungen zu konzentrieren.

Sie strich Öl auf seine Arme, massierte sie und arbeitete sich auf diese Weise bis zu seinen Fingerspitzen vor. Das Gleiche tat sie mit seinen Beinen – vom Oberschenkel bis zu den

Zehenspitzen massierte, knetete und streichelte sie ihn mit überraschend kräftigen Händen. Andy fühlte sich wohl in seiner Haut, er schloss die Augen, als sie begann, seine Schultern und den Rücken zu massieren. Immer wieder träufelte sie Öl auf ihn, er fühlte sich glitschig, doch es war nicht unangenehm. Mit langsamen, kreisenden Bewegungen kam sie allmählich in die Nähe seines Hinterns. Andy wusste, spätestens jetzt würde sein Schwanz sich melden, weil er es absolut geil fand, dort berührt zu werden. Aber wie hatte sie gesagt? Es gab nichts, wofür er sich schämen müsste. Außerdem war das ja eine erotische Massage, und dann durfte er doch hart werden?

Sabrina strich über den knackigen Po und grinste. Dieser junge Mann gefiel ihr. Sie fand es mutig von ihm, sich in die Hände einer fremden Frau zu begeben, um sein erstes Mal zu erleben. Auch wenn sie dafür bezahlt wurde, würde sie ihr Bestes geben, um ihn mehr als zufriedenzustellen. Es war eine Herausforderung, ihn dazu zu bringen, sich so lange wie möglich mit dem Orgasmus zurückzuhalten, und sie war nicht sicher, ob er das bei ihrem Vorgespräch verstanden hatte. Er hatte sie angestarrt, als ob sie ein Alien sei, teils ängstlich, teils verlangend, doch sie war solche Blicke gewöhnt. Mit sanftem Dirigieren würde sie dieses Erlebnis für ihn unvergesslich machen. Als seine Kehrseite von oben bis unten ordentlich glänzte, sagte sie: »Nun dreh dich um, Andy.«

Er zögerte. Seine Latte musste schon ziemlich groß sein. Aber das gehörte zum Erfolg dazu, oder? Er drehte sich, sein Blick fiel auf Sabrina und sein Schwanz begann zu zucken. Andy schloss die Augen und keuchte, als der Orgasmus ihn überraschte, sein Samen spritzte – es war ihm nur noch peinlich, am liebsten würde er davonlaufen! Er war viel zu früh gekommen, und das nur, weil sie in ihrer ganzen nackten, sexy, verführerischen Schönheit neben ihm hockte!

Als er leer gepumpt war, traute er sich nicht, in ihre Augen zu schauen. Ein kleines Lächeln spielte um ihre Lippen; sie reichte ihm ein paar Kleenex-Tücher und einen Waschlappen, um sich zu reinigen.

»Es ist gut, dass das jetzt geschehen ist.«

Andy glaubte, sich verhört zu haben. Wie bitte?

»Dadurch wirst du beim nächsten Mal länger durchhalten.«

»Ich fürchte, es wird kein nächstes Mal geben,« knurrte er, sauer auf seinen Schwanz.

»Oh doch. Du kennst deinen Körper nicht. Wenn eine kleine Weile vergangen ist, bist du durchaus zu neuer Lust fähig.«

Hmm. Wenn sie recht hatte, kannte er sich wirklich nicht. Er wischte die letzten Reste weg und warf die benutzten Tücher in ein Körbchen, das sie ihm reichte. Dann sank er zurück.

»Und jetzt?«

»Jetzt werde ich dich weiter massieren. Schließlich ist deine Vorderseite auch noch dran.« Sabrina lächelte beruhigend.

»Bringt das denn was?«

»Andy, ein Orgasmus ist nicht zwingend. Es kommt bei dieser Art Massage darauf an, sich selbst zu spüren und sich zu öffnen. Alles andere kommt von allein.« Sie nahm wieder das Öl und träufelte davon auf seine Arme und Beine. Dabei erklärte sie ihm, dass sie wie auf seiner Rückseite vorgehen werden: Zunächst die Gliedmaßen – hier grinste er fast sarkastisch, weil sein für ihn wichtigstes Glied hatte ihn vorzeitig im Stich gelassen – dann den Rumpf. Sie ging methodisch vor, ihre Hände waren sanft, massierten an empfindlichen Stellen sehr vorsichtig, die großen Muskeln knetete sie. Andy schloss die Augen, um nicht ständig die nackte Sabrina ansehen zu müssen. Sie hatte viel Verständnis für ihn. Er lauschte auf die leise Musik und entspannte sich langsam. Sie bearbeitete wieder seine Schultermuskeln, dann strich sie zärtlich über seinen

Bauch und er spürte, wie sein Schwanz interessiert zuckte. Sollte es tatsächlich möglich sein, bereits nach so kurzer Zeit wieder erregt zu werden? Eigentlich musste sie es wissen, schließlich massierte sie jeden Tag Männer und hatte vielleicht das, was ihm passiert war, bereits mehrmals erlebt. Er blinzelte. Sie näherte sich gerade seinem Glied, das halb erigiert war. Ihre Brustwarzen sahen weich und verletzlich aus, er fragte sich, wie sie sich anfühlten. Ob er sie anfassen durfte? Er traute sich nicht. Sie strich mit den Händen um seinen Schwanz herum, ergriff seine Eier und massierte sie. Andy schnappte nach Luft. Und seine Latte war wieder da.

»Siehst du?«, lächelte sie. Ihre Finger strichen über seinen Damm, wogen seine Eier und bearbeiteten sie gekonnt. Es tat nicht weh, im Gegenteil, es war nur … ungewohnt. Andy starrte Sabrina an, aber seine Gedanken waren da unten, wo sie ihn massierte und seine Latte wuchs. Erregung flutete durch ihn, doch es war völlig anders als dann, wenn er es sich selbst machte. Viel schöner.

Sabrina blieb gelassen, sie handhabte ihn fachmännisch und wusste offensichtlich, was sie in ihm anrichtete. Als ihre Hände seinen Schwanz ergriffen, keuchte Andy laut und konnte nicht verhindern, dass ihm ein Stöhnen entfuhr. Sabrina sah ihn besorgt an.

»Ist es okay für dich?«

»Ja… ja!« Er atmete schwer. Wie sollte es nicht okay für ihn sein? Alles, was sie tat, war mehr als okay für ihn. Er schloss die Augen, versuchte, seinen Atem zu beruhigen, so wie sie es ihm gesagt hatte. Er würde so lange durchhalten wie nur möglich – und befürchtete, dass das nicht besonders lange sein wird.

Als er glaubte, es nicht mehr aushalten zu können, ließ sie von seiner Latte ab und widmete sich seinen Oberschenkeln, die sie knetete und massierte. Andy beruhigte sich nur wenig, denn auch diese Berührung hatte etwas Sinnlich-erotisches an sich. Zumindest war sie nicht direkt an seinem Lustzentrum zugange; er musste befürchten, dass er sonst sofort gekommen wäre. Sein Atem wurde gleichmäßiger. Und Sabrina, die das zu spüren schien, näherte sich wieder seinen Hoden, die in ihrer Hand zuckten. Andy presste die Lippen zusammen.

»Du machst das sehr gut, Andy,« hörte er ihre lächelnde Stimme. Er nickte nur. Wenn sie wüsste!

Ihre Hände spielten auf seinem Körper wie auf einem Instrument. Immer, wenn er glaubte, er käme jetzt gleich sofort, veränderte sie ihren Griff, verlagerte sich auf eine andere Stelle seines Körpers, was ihn verwirrte. Irgendwann hatte er das Gefühl, überall dort zu brennen, wo sie ihn anfasste, zu glühen vor Lust, die mit der Zeit unbezähmbar zu werden schien. Seine Haut wurde empfindlich; eine leise Berührung ihres Fingers, und er zuckte zusammen, als habe er sich verbrannt. Dann wieder an einer anderen Stelle. Sie fragte ihn erstaunt, ob er kitzlig sei.

»Nein. Nur … ich werde immer empfindlicher …«

»Oh, das ist gut. Das ist sehr gut,« sagte sie und machte weiter. Wenn sie mit ihrer Handfläche über seine Brust und Bauch strich, glaubte er zu vergehen. Es war eine völlig andere Erregung als die, die er kannte. Sie breitete sich in seinem ganzen Körper aus, strahlte bis in die Fingerspitzen, pulsierte unter seiner Haut wie ein Brand, der immer neu entfachte und nicht zu vergehen schien. Nachdem sie ihm zum x-ten Mal den zum Platzen harten Schwanz massiert und bis zum Rand eines Höhepunktes gebracht hatte, war ihm schwindelig. Sie ließ von ihm ab, betrachtete sein fiebriges Gesicht und lächelte ihn freundlich an. Warum hörte sie auf? War die Zeit etwa um?

Würde sie ihn etwa in diesem Zustand lassen??? Panik ergriff ihn. Am liebsten hätte er gewimmert, gefleht, weiterzumachen, ihn zu erlösen, aber er brachte kaum ein Wort raus.

Ihre Lippen schimmerten in dem warmen Licht der Kerzen, und ihre Augen glänzten, als sie leise sagte: »Nun bist du soweit, Andy.« Wie, soweit? Was meinte sie? Er schluckte hart. Sie musste doch sehen, doch wissen, was mit ihm los war?

Sie wusste es. Sie nahm das Öl, gab davon auf ihre Handfläche und verteilte es auf ihrem Körper. Ihre Brüste glänzten, und ihre Brustwarzen waren hart. Andy fragte sich, ob sie auch erregt war. Noch einmal gab sie etwas Öl auf seine zuckende Latte, dann sagte sie sanft: »Schließ die Augen.« Er gehorchte widerwillig.

Sie kletterte über ihn. Ihre Nippel streiften seinen Bauch, sein Penis blieb an ihren Beinen hängen, und sie lachte leise. Ihre Brüste lagen auf ihm, glitten an seinem Körper auf und ab, massierten ihn, und weil sie beide von dem Öl glitschig waren, war dieses Gefühl einfach phänomenal. Andy hielt die Augen geschlossen. Er fühlte sich in einem Zustand, der ewig währen könnte. Eine Erregung, die so lange auf hohem Niveau blieb, konnte nur geil sein. Sie schwelte in ihm.

Sabrina setzte sich vorsichtig auf. Sie strich immer wieder über seine Brust, was bewirkte, dass er sich auf diese Berührung konzentrierte, während sie seine Latte langsam und vorsichtig in sich einführte. Andy schnappte nach Luft – jetzt bloß nicht explodieren, flehte er. Ihre süße Enge umfing ihn, und kein Streicheln an anderer Stelle half mehr. Sämtliche Sinne befanden sich in seinem Schwanz. Sie stülpte sich mühelos über ihn, senkte ihr Becken bis zum Anschlag und verharrte dort, fest auf ihm sitzend. Andy fragte sich nach ein paar Minuten, wo die Fickbewegungen blieben, ob er sie machen sollte? Da spürte er, wie sie ihre Muskeln um seine Latte herum zusammenzog und sie wieder entspannte. Er war überrascht, dass eine Frau das konnte. Atemlos verfolgte er diese Bewegung, denn auch auf diese Weise massierte sie ihn. Er zuckte.

»Ja.« Sabrina begann, sanft auf ihm zu schaukeln. Vor und zurück, nur kleine Bewegungen. Sie sagte, er solle sich nicht rühren, sie sei dafür zuständig. Andy gehorchte wieder – was sollte er anderes machen? Würde er in diesem Zustand heftig in sie stoßen, würde er sofort platzen. Nein, es war wunderbar, dieses Gefühl so lange wie möglich zu halten. Er blinzelte und sah ihre schönen Brüste, die leise hin und her schwangen. Jetzt kam eine neue Bewegung dazu – sie rotierte in kleinen Kreisen mit ihrem Becken. Andy keuchte lauter. Er gab sich jetzt völlig dieser Lust hin, konnte nicht mehr denken, nur noch fühlen. Nie hätte er gedacht, dass es etwas anderes gab als Wichsen oder eine stupide Vögelei, wie er sie manchmal in Filmen gesehen hatte. Aber das hier … war einfach unbeschreiblich.

Sabrina beobachtete ihren ›Schützling‹ genau. Sie war erregt, zum Ersten, wegen der Macht, die sie über diesen Jungen hatte, zum Zweiten, weil es für ihn das erste Mal war, und zum Dritten, weil ihr seine Latte gefiel. Doch es war nicht das erste Mal für sie, dass sie einen jungen Mann in die Liebe einführte, deshalb schmunzelte sie über ihre eigene Lust und war bedacht darauf, Andy so weit bringen wie es nur ging. Sie änderte ihre Bewegung wieder, nachdem sie einen Blick auf die versteckte kleine Uhr geworfen hatte. Es war Zeit, ihn zu entspannen. Sie hob und senkte ihre Hüften, damit er ein Gefühl dafür bekam, wie die ›normale‹ Bewegung ablief – wobei ihr klar war, dass er das sicher wusste, wenn er sich selbst besorgt hatte. Sein Stöhnen wurde lauter.

Andy wusste, dass Sabrina jetzt ihm den Rest geben würde. Und trotz seiner Versuche, so lange wie möglich noch durchzuhalten, schaffte er es nicht. Er keuchte und stöhnte, warf den Kopf hin und her, ihre Brüste blitzten vor seinen Augen und hüpften auf und ab. Sein Schwengel pflügte in sie, als ob er nie etwas anderes gemacht hätte. Ihr Körper glitt auf und ab, er wusste, dass sie ihn aufmerksam beobachtete und dabei nicht innehalten würde. Sie war das Beste, das ihm für sein erstes Mal passieren konnte, dachte er. Unwillkürlich bewegten sich auch seine Hüften, er stieß in sie, eine Reaktion, die er nicht mehr unterdrücken konnte, die auch Sabrina nicht mehr anmahnte, denn jetzt ritt sie ihn, auch sie war atemlos, und ihre Haut glänzte, während ihr blondes Haar um ihren Kopf flog.

Als Andy explodierte, hatte er das Gefühl, sich aufzulösen. Sein Schwanz pumpte alles in sie, was er hatte. Sein Körper spannte sich an, sein Rücken bog sich durch, und er stöhnte seine Lust hinaus. Sabrina gab ihm Widerstand, nur noch ein-, zweimal bewegte sie sich auf ihm, dann presste sie sich an seinen Leib, spürte sein Pumpen. Sie kontrahierte wieder ihre Scheidenmuskeln, bis die Anspannung erschöpft aus ihm wich und er matt da lag. Ihm war schwindelig.

Sabrina lächelte zufrieden. Für sein erstes Mal hatte er sich vorzüglich gehalten. Sie hätte ihn am liebsten noch länger geritten, doch für ihre Erregung war hier kein Platz. Sanft schaukelte sie auf ihm, bis sie spürte, dass seine Latte in sich zusammenfiel und aus ihr rutschte. Geübt griff sie nach den Papiertüchern und erhob sich. Sie bedeckte ihn mit dem Papier, damit er sich abtupfen konnte, sich selbst wischte sie sorgfältig ab und suchte das Bad auf.

***

Andy wusste nicht, was er denken sollte. Noch nie war er so entspannt gewesen, hatte seine Lust gespürt, sich derart beherrschen können. Er fragte sich, ob es Sabrina auch gefallen hatte, traute sich jedoch nicht zu fragen. Angenehm erschöpft blieb er liegen, spürte die Entspannung bis in die Fingerspitzen, so wie er die Erregung gespürt hatte. Als Sabrina wieder kam, lächelte sie ihn an.

»Ich bin stolz auf dich, Andy. Du hast das sehr gut gemacht. Wie geht es dir?«

Er grinste. Das war doch glatt mal ein Lob. Wie ging es ihm?

»Fantastisch. Es gibt kein anderes Wort.«

»Das freut mich sehr.« Sie fügte hinzu: »Nun, und jetzt weißt du, wozu du fähig bist, nicht wahr?« Sie grinste. Er grinste zurück.

Nach der Dusche bedankte er sich bei ihr. Sie zog seinen Klubausweis durch einen Scanner und gab ihn zurück, erklärte, dass er damit zur Rezeption müsse, bevor er das Haus verlasse. Andy nickte glücklich und ging, suchte seine Freunde und fand sie an der Bar – alle waren angezogen bis auf ihn. Johlend begrüßten sie ihn.

»Mensch, zieh deine Klamotten an, wir trinken noch was!«

Er ging zu dem Spind, zog sich an, kehrte zu ihnen zurück und lauschte ihren Berichten. Erik nahm seinen Klubausweis und ging damit zur Rezeption, bezahlte dort und kam zurück. Andy hatte ihm leise anvertraut, dass es das Beste gewesen war, was er sich hätte vorstellen können. Erik war sehr zufrieden. Sein Blick schweifte zu Sammy hinüber, der mit glänzenden Augen auf seinem Hocker saß.

»Sammy, wie wars?«

Der blickte ihn durch die Nerd-Brille erstaunt an. Dann lächelte er glücklich, nahm einen Schluck aus seinem Glas und sagte nur ein Wort: »Geil.«

Kreuzfahrt

Die *Perpentua* legte ab. Sie entfernte sich von der Anlegestelle mit lautem Dröhnen ihrer Motoren. Die Menschen an Deck winkten den Leuten, die sie an Land zurückließen. Mit wachsender Entfernung wurden diese zu einer bunten Masse, und zum Schluss nicht einmal mehr das.

Bettina wandte sich von dem Anblick der sich entfernenden Küste ab. Sie trug eine warme Jacke, doch an den Beinen fröstelte sie, weil sie nur ein kurzes Miniröckchen trug. Ihre Urlaubsreise per Schiff trat sie zum ersten Mal alleine an. Ihr Freund oder vielmehr Ex-Freund hatte sie vor einer Woche verlassen, nach inzwischen vier Jahren des Zusammenlebens. Er hatte seine Sachen abgeholt, den Schlüssel dagelassen und war aus ihrem Leben verschwunden. Selbst ihr erotisches ›Können‹ hatte nichts mehr genützt.

Cliff hatte es geliebt von ihr verwöhnt zu werden. Wenn sie duftendes Öl auf ihm verrieb, ihn massierte und knetete, wuchs sein Ständer bis ins Unermessliche. Sie verstand sich darauf, seine Lust wachsen zu lassen, sie zu steigern und dennoch nicht zu erfüllen. Er hatte gelernt, seine Geilheit zu zähmen und über den Punkt hinaus zu gehen, an dem er glaubte, dass er kommen würde. Erst zum Schluss, wenn sie selbst nass vor Lust war und es nicht mehr aushielt, hatte sie sich entweder auf ihn gesetzt, um ihn bis zum Bersten zu reiten, oder er hatte sie gepackt und ihr den Verstand rausgevögelt.

Gegen Ende ihrer Beziehung war der Sex das Einzige, was sie noch zusammenhielt.

Sie hatte nicht eingesehen, die Tickets zu dieser Reise verfallen zu lassen. Vielmehr hatte sie sich bemüht, das überzählige Ticket noch zu verkaufen, was ihr glücklicherweise gelungen war. Nun stand sie also auf dem Schiff, sollte sich auf die Reise nach Amerika freuen und konnte es nicht. Noch nicht. Doch das würde mit jeder Meile, die sie zurücklegten, sicher kommen.

***

Klaus hatte in letzter Sekunde ein Ticket erhalten und in aller Eile seine Sachen gepackt. Er wollte unbedingt Urlaub, er brauchte ihn. Die Geschäfte liefen, aber sie hatten ihn viele Nerven gekostet. Er fühlte sich ausgebrannt. Nun hatte er alles seinem Geschäftspartner übergeben, seinen Koffer geschnappt und war mit dem Taxi zum Hafen gefahren. Dort fand er die ordnungsgemäß hinterlegte Karte vor und dankte dem Himmel, dass es noch ehrliche Menschen gab. Er ging an Bord, verstaute den Koffer und seufzte tief auf. Jetzt sollte nichts mehr seiner wohlverdienten Entspannung im Wege stehen. Als er an Deck ging, um einen letzten Blick auf seine Heimat zu werfen, zerzauste der Wind sein lockiges, dunkles Haar. Es war ihm egal – in der Firma musste er wie aus dem Ei gepellt sein, doch hier, im Urlaub?

***

Bettina schlenderte über das Schiff. Sie beobachtete die Menschen um sich herum. Viele ältere Paare spazierten umher, fütterten die kreischenden Möwen, indem sie ihnen Brotkrumen zuwarfen. Nur wenige Kinder tollten unter den wachsamen Blicken der Eltern umher. Die Sonne ließ die weißen Aufbauten des Kreuzfahrtschiffes aufleuchten; es durchpflügte die Schaumkronen der Wellen und hinterließ am Heck einen weißen Strudel. Bettina hob die Nase in den Wind, der salzig roch. Heute Abend gäbe es laut des aushängenden Planes einen Tanzabend, um sich kennenzulernen. Eigentlich hatte sie keine Lust dorthin zu gehen, aber wozu sollte sie in ihrer Kabine versauern? Auch wenn sie traurig war, dass ihr Freund sie verlassen hatte – es fiel ihr überraschend leicht, ihn hinter sich zu lassen. Nachdem sie eine Stunde lang das Schiff begutachtet hatte, ging sie, um sich für den Abend fertigzumachen.

***

Er schaute lange über das Wasser, die aufblitzenden Wellen, lauschte dem Gekreisch der Möwen, die immer weniger wurden, je weiter sie sich vom Land entfernten. Er mochte den Salzgeruch und beobachtete Fische, die aus dem Wasser sprangen. Noch waren seine Gedanken in der Firma, sprangen im Gehirn herum auf der Suche nach Informationen, die er möglicherweise vergessen hatte weiterzugeben. Aber er fand nichts. Die Tatsache, dass er von nun an mehrere Wochen lang nur schwer erreichbar wäre, beunruhigte und erleichterte ihn zugleich. Klaus hoffte, sich genügend ablenken und entspannen zu können, denn er hatte in den letzten Wochen immer öfter das Gefühl, an einem Burn-out vorbeizuschrammen. Seufzend kehrte er dem beruhigenden Anblick der Wassermassen den Rücken, um seine Kabine aufzusuchen. Er würde sich etwas anderes anziehen, bevor er zum Dinner ging.

***

Der große Speisesaal war von Lachen und Stimmengewirr erfüllt. Die verlockenden Gerüche des Büfetts, das an einer Längswand aufgebaut war, hatte Bettina bereits in den Gängen erschnuppern können. Mit hungrigem Magen stieg sie die Treppen hinunter, bewunderte das Blitzen der polierten Gläser auf den Tischen, die hellen Kronleuchter, die den Saal in ein heimeliges Licht tauchten. Viele Frauen hatten sich wie sie herausgeputzt, trugen elegante Kleider oder geschmackvolle Kostüme. Die Herren hatten sich in Jacketts gezwängt, manche sogar in Smoking. Vermutlich wollten sie gleich nach dem Dinner zu dem Tanzabend weiter ziehen und sich nicht nochmals umziehen müssen. Bettina schmunzelte in sich hinein. Solange keiner von ihnen sich bekleckerte, würde die Rechnung aufgehen.

Sie suchte sich etwa in der Mitte des Raumes einen einzelnen Platz, direkt neben einem Herrn in Anzug, mit dunklen Locken und einer silbrigen Stahlbrille. Er warf ihr ein höfliches Lächeln zu, dann widmete er sich wieder seinem Teller. Bettina ließ ihr kleines Täschchen auf den Sitz fallen, dann schlenderte sie zu den reichhaltigen Büffets, nahm sich einen Teller und wählte sorgfältig aus, was sie probieren wollte. Es gab eingelegtes Gemüse, Salate, Fisch in allen möglichen Variationen, Fleisch sowohl gebacken als auch gebraten. Zum Schluss Käse und Dessert. Sie beschloss, sich mehrmals etwas zu holen, und kehrte zu ihrem Platz zurück. Ihre Handtasche hing über der Stuhllehne – doch dort hatte sie sie doch gar nicht aufgehängt?

***

Klaus genoss es, alleine unter vielen Menschen zu sein. Er fühlte sich nicht einsam dabei, im Gegenteil, er genügte sich selbst und war froh, dass niemand etwas von ihm wollte. Wenn er arbeitete, hatte er mit so vielen Menschen zu tun, dass er abends glücklich die Tür hinter sich abschloss, sobald er zu Hause war. Hier, inmitten der Menschen, konnte er selbst sein, die anderen beobachten, wenn er wollte, und musste niemandem Rechenschaft ablegen. Als eine junge Frau neben ihm ihr Täschchen platzierte und fragte, ob noch frei sei, hatte er nur genickt und gelächelt, sie jedoch nicht weiter beachtet. Sie ging zum Büfett, er sah ihr kurz hinterher und hörte neben sich ein leises ›Plumps‹. Er schaute nach, offensichtlich war ihre Handtasche hinunter gefallen. Anstandshalber hob er sie auf und hängte sie über die Stuhllehne. Dann genoss er seine Antipasti, zu denen er einen trockenen Weißwein trank.

***

»Was haben Sie mit meiner Tasche gemacht?« Bettina war beunruhigt. Hatte er ihr etwas gestohlen? Sie hatte nie viel Geld dabei, trotzdem.

»Bitte?« Erstaunt hob Klaus den Blick, dann verstand er. »Sie fiel hinunter, ich habe sie aufgehoben.«

»Aha.« Sie setzte sich stirnrunzelnd neben ihn, schaute in ihre Tasche und stellte beruhigt fest, dass nichts zu fehlen schien. »Danke.«

»Gern geschehen.« Der Typ neben ihr schien zu schmunzeln, aber immerhin machte er sie nicht an. Er sah nett aus, ein bisschen chaotisch, aber nicht unsympathisch. Sie begutachtete ihre Auswahl auf dem Teller, bestellte einen passenden Wein und begann zu essen.

Ihnen gegenüber nahm ein älteres Ehepaar Platz, beide bereits mit überladenen Tellern bewaffnet. Sie stritten darüber, welches Getränk dazu am besten passen würde, bis sie sich auf einen Wein geeinigt und bestellt hatten. Dann endlich beschäftigten sie sich mit ihrem Essen, sodass vorübergehend Ruhe einkehrte.

»Ach, Sie sind aber ein hübsches Pärchen!« Die Frau lächelte Bettina an. Die blickte verwirrt von ihrem Teller hoch. Bis sie begriffen hatte, dass sie und ihr fremder Nachbar gemeint waren, hatte der schon reagiert.

»Ja, nicht wahr? Wir sind noch nicht besonders lange zusammen,« grinste er.

Was sollte das denn? Bettina schnappte nach Luft und sah ihn böse an.

»Oder, Liebling? Also, mir kommt diese Zeit noch sehr kurz vor!« Er zwinkerte ihr zu.

»Oh, wie nett,« freute sich die Frau gegenüber. »Wissen Sie, ich sage ja immer, wenn man glücklich ist, dann kommt einem ein Jahr vor wie ein Tag!« Sie strahlte über ihre Weisheit.

»Da haben Sie sicher recht,« stimmte Bettinas Nachbar ihr schmeichelnd zu. »Darf ich fragen, wie lange Sie denn verheiratet sind?«

»55 Jahre,« brummte der ältere Mann.

»Das kommt uns vor wie gerade mal 10 Jahre, nicht wahr, Herbert?«, zwitscherte seine Frau.

»Nee. Eher wie hundert.« Der Alte hustete, dann stand er auf, um sich noch etwas zu Essen zu holen.

»Ach, hören Sie nicht auf ihn, er meint das nicht so,« beschwichtigte die Frau verlegen lächelnd.

Bettina fragte sich, wie er es dann gemeint hatte, wenn nicht so. Aber sie schwieg. Das Zwinkern ihres Nachbarn hatte ihr zu verstehen gegeben, dass er sich einen kleinen Spaß erlaubte. Gut, gewährt.

***

Klaus rechnete es seiner Nachbarin hoch an, dass sie ihn diesen kleinen Spaß machen ließ. Außerdem sah sie gar nicht so übel aus. Elegantes Kleid, hochgesteckte Haare, schlank – aber ein wenig verkniffen wirkte sie. Er überlegte, ob er sie ein wenig aufheitern könnte, doch dann zuckte er mit den Schultern. Was ging ihn diese Frau an? Er war selbst noch damit beschäftigt, im Urlaub anzukommen.

Er aß seinen Teller leer, dann füllte er ihn sich neu und nahm ein Dessert mit. Seine Sitznachbarin tat es ihm nach. Sie bestellte einen Kaffee, den der Kellner ihr über die Schulter reichte. Dabei stieß sie versehentlich an die Tasse, und das heiße Gebräu ergoss sich über Klaus. Der sprang fluchend auf.

»Verdammt! Können Sie nicht aufpassen?« Rasch zog er sein Jackett aus, doch auf seinem Hemd war die heiße Flüssigkeit dennoch gelandet.

»Es … bitte, entschuldigen Sie …« Der Frau war es sichtlich peinlich, der Kellner war sofort davon geeilt, um ein Tuch zu holen.

»Ach, Sie sind gar kein Ehepaar?« Die ältere Frau gegenüber war sichtlich verwirrt. Doch keiner der beiden gab ihr eine Antwort; Bettina wischte mit einer Serviette an Klaus herum in dem unsinnigen Bemühen, den riesigen Kaffeefleck zu entfernen. Klaus wischte ebenfalls, doch er sah, dass es keinen Zweck hatte. Er würde sich umziehen müssen. Seufzend warf er die zerknüllte Serviette auf den Tisch.

»Tja. Ich gehe mal, um mich umzuziehen. Halten Sie mir den Platz warm,« meinte er ironisch zu Bettina, die ihm verlegen hinterher sah. Sie registrierte seine schlanke Gestalt und den knackigen Hintern. Sofort stellte sie sich vor, wie sie diesen Knackarsch einölte und auf der Vorderseite eine wunderschöne Latte wuchs. Sie wurde rot. Wie kam sie nur auf diese Gedanken? Es waren gerade mal zwei Wochen her, dass sie mit Cliff den letzten Fick hatte, und schon wurde sie notgeil?

Sie setzte sich wieder. Das ältere Ehepaar gegenüber bestrafte sie mit indignierten Blicken und Schweigen. Insgeheim war Bettina froh darum. Sie hatte keine Lust auf Rechtfertigungen, und was konnte sie dafür, dass dieses Weib seine Schlüsse zog, ohne vorher zu fragen? Sie stocherte in der Crème brulée rum und legte den Löffel weg. Der Kellner brachte einen sauberen Stuhl für den Herrn und einen neuen Kaffee, den sie dankbar schlürfte. Wie lange sollte sie auf den Knackarsch warten? Sollte sie überhaupt warten? Warum eigentlich? Gerade, als sie beschlossen hatte, dass sie satt wäre und den Tanz nicht besuchen würde, tauchte er wieder neben ihr auf. Diesmal in frisch gestärktem weißem Hemd.

»Oh, ein sauberer Stuhl, wie schön!« Er setzte sich umstandslos, löffelte von seinem Dessert und bestellte einen Espresso. Bettina entschuldigte sich nochmals bei ihm.

»Nun, Sie sind sich aber bestimmt bewusst, dass Sie mir nun etwas schulden?«

»Schulden? Aber ich habe mich doch schon zweimal entschuldigt!«

»Ja, das haben Sie. Ich dachte eher daran, dass Sie mir einen Gefallen tun könnten …«

»Welchen denn?«, fragte Bettina misstrauisch. Was wollte er denn noch?

»Dass Sie heute Abend mit mir Tanzen gehen …«

Aha.

»Aha.« Sie dachte nach. Innerlich spürte sie kleine, unruhige Schmetterlinge, warum, war ihr unerklärlich. Vermutlich, weil der Typ ziemlich attraktiv war. Seine Augen blickten sie offen an, ein kleines Lächeln spielte um seine Mundwinkel. Er wartete auf ihre Antwort.

»Einverstanden,« stimmte sie zu. Ursprünglich war ihr die Lust darauf vergangen, aber sie würde ja nicht mehr allein dort hingehen, um wie ein Mauerblümchen irgendwo am Rand zu hocken und zu warten, bis ein alter Knacker sie zum Tanz auffordern würde. Dagegen war dieser knackige Mann gerade richtig.

Sie standen auf, beachteten das missmutige Ehepaar ihnen gegenüber nicht und gingen zu dem Tanzsaal. Es waren bereits einige Paare auf dem Weg dorthin, Frauen in glitzernden Abendkleidern, Männer in Anzügen – alle hatten eine gewisse Vorfreude auf den Gesichtern. Bettina fragte sich unwillkürlich, ob alle Anwesenden Paare waren oder der ein oder andere ebenfalls alleine kam. Wenn sie sich umblickte, konnte sie kaum Einzelstehende ausmachen und war froh, dass sie sich mit dem attraktiven Mann an ihrer Seite nicht unwohl fühlen musste. Sie betraten den riesigen Saal, dessen Boden aus spiegelblankem Holz bestand. An den Wänden waren Tische und Sitznischen, gegenüber der großen Tür, durch die die Menschen strömten, befand sich eine Bühne, zu der wenige Stufen hinaufführten. Sowohl Bühne als auch die Wände waren mit gerafften, blau glitzernden Stoffen verkleidet, auf den runden Tischen lagen blütenweiße Tischdecken mit je einer Rose in schmalen Vasen, und über dem Eingang schien sich eine Empore zu befinden, von der aus die Müßigen die Tanzenden ebenfalls beobachten konnten. Große Kristallleuchter tauchten das Gedränge in samtenes Licht. Die Jazzband auf der Bühne trug weiße Anzüge und stimmte sich mit ein paar Stücken bereits ein. Bettina und Klaus sahen sich um, Klaus fand freie Plätze an einem kleinen, schmalen Tisch gleich hinter einer Säule. Sie würden nicht den besten Blick von da aus haben, doch das machte nichts. Er zog galant den Stuhl zurück, damit Bettina sich setzen konnte, dann winkte er einem Kellner und bestellte Getränke. Bettina fand es angenehm, sich umsorgen zu lassen.

***

Klaus war überrascht gewesen, als sie auf seinen Vorschlag eingegangen war. Jetzt freute er sich, dass er den Abend nicht alleine in seiner Kabine zubringen musste. Natürlich hätte er als Mann kein Problem gehabt, andere Frauen zum Tanz aufzufordern – doch er fand es mühsam, sich ständig auf neue Damen konzentrieren zu müssen. Die Gesellschaft, die er sich nun gesucht hatte, behagte ihm besser. Diese Frau war hübsch, ihr Gesicht ebenmäßig, die Augen groß und grün. In diesem Licht glänzten sie sogar. Er hatte nur unauffällig ihre Figur begutachten können, doch was er gesehen hatte, gefiel ihm.

»Da wir jetzt hier sind, darf ich mich vorstellen – Klaus Tauber.«

»Bettina Janz. Dass ein verschütteter Kaffee zu einer Tanzeinladung führen kann, muss ich mir merken,« schmunzelte Bettina. Klaus lächelte sie offen an.

»Möchten Sie jetzt gleich tanzen?«

»Nein, ich denke, wir warten noch auf unsere Getränke, was meinen Sie?«

Der Kellner schien viel zu tun zu haben, doch in der Zeit, bis die Gläser mit Sherry und Martini kamen, gab Bettina einen kurzen Bericht, wie es dazu kam, dass sie diese Reise machte. »Im Prinzip lasse ich damit etwas hinter mir und bin froh darum,« sagte sie zum Schluss. »Und Sie?«

Klaus sah etwas nachdenklich aus bei ihrem Bericht. Seine letzte Freundin hatte nicht verstanden, warum er so viel arbeitete und ihn deshalb verlassen. Doch er erzählte nur, dass er dringend Urlaub benötigte, um abzuschalten, den Stress zu vergessen und nicht in ein Burn-out zu geraten. »Mein Arzt wollte mir Massagen, Therapien, Sport und was weiß ich noch verschreiben. Aber selbst dazu fehlt mir die Zeit. Und ich kann mir gut vorstellen, dass meine Gedanken während eines solchen Termins wie ein Hamster im Rad rotiert wären. Nein, das hier ist besser. Räumlicher Abstand, kaum erreichbar und Ablenkung. Von hier kann ich nicht mal eben so in die Firma, nicht einmal mit einem Helikopter.«

»Das stimmt.« Bettina sah ihn nachdenklich an. »Dann brauchen Sie wirklich Entspannung,« stellte sie fest.

Die Getränke kamen. Nachdem beide davon genippt hatten, sahen sie sich lächelnd an und standen auf, um Tanzen zu gehen.

Bettina stellte erfreut fest, dass dieser Klaus sie souverän führte und keinen Schnickschnack brauchte, um zu zeigen, wie gut er tanzen konnte. Andere Paare um sie herum dagegen beanspruchten viel Raum, hatten die Arme weit von sich gestreckt und schienen mit langen Schritten durch das Gedränge pflügen zu müssen. Sie wurden mehrmals angerempelt, störten sich jedoch nicht daran, weil sie in ihr Gespräch vertieft waren. Klaus stellte fest, dass Bettina eine kluge Frau war, der man nicht viel vormachen konnte. Ihre Arbeit, die sie mit »Masseurin« betitelte, ohne weiter darauf einzugehen, schien sie zu mögen.

»Sie sind Masseurin?«

»Ja.«

Klaus traute sich nicht zu fragen, ob sie ihn mal massieren würde. Sicher gab es auf diesem Schiff außerdem einen Massagesalon – und Bettina war auch im Urlaub. Nein, er würde sie nicht fragen. Deshalb sagte er nur: »Schön… Sicher haben Sie von den Patienten her so viel Menschenkenntnis?«

»Wie meinen Sie das?«

»Ich habe den Eindruck, Sie können Menschen gut einschätzen.«

»Vielleicht. Jeder Mensch schätzt doch einen anderen bei der ersten Begegnung ein, oder?«

»Ja. Aber ob man damit richtig liegt?«

Sie diskutierten über subjektive Wahrnehmung, Sympathie und Antipathie und waren sich zumindest einig darüber, dass die viel gerühmte ›Chemie‹ zwischen Menschen nicht zu unterschätzen sei.

Nach mehreren Tänzen kehrten sie zu ihrem Tisch zurück, um zu trinken und sich an den Snacks, die mittlerweile auf den Tisch gestellt wurden, gütlich zu tun. Klaus fand diese Bettina immer interessanter. Beim Tanzen hatte sie sich eng an ihn geschmiegt, sodass ihm fast ein bisschen heiß geworden war. Ihre Brüste hatten ihn angenehm gestreift, ihre Hüften hatten sich ab und zu an seinen Schritt gedrückt. Fast war er versucht gewesen, sie an sich zu pressen, doch er hatte sich beherrscht und die professionelle Miene, die er sich für schwierige Kunden zugelegt hatte, aufgesetzt, während sie plauderten.

Bettina fand diesen Mann zum Anbeißen. Am liebsten hätte sie ihm angeboten, ihn zu massieren, auf ihre ganz eigene Art. Für einen Moment hatte sie gedacht, er würde sie tatsächlich fragen, war jedoch enttäuscht worden, als er es nicht tat. Selbst ihre wie zufällig erscheinenden Aktionen, sich eng an ihn zu drücken, hatten nichts bewirkt. Vielleicht hatte er kein Interesse oder stand auf Männer? Hatte er nicht erzählt, er arbeite mit seinem Freund zusammen, der sein Geschäftspartner war?

Sie war etwas frustriert. Sie sollte sich nichts vormachen. Vielleicht war sie süchtig nach Sex und Cliff fehlte ihr nur deshalb ein wenig, obwohl sie zum Schluss es genauso wie er gesehen hatte, dass ihr Zusammenleben keinen Sinn mehr machte. Sie hatten sich nichts mehr zu sagen gehabt. Wie alte Bekannte waren sie auseinandergegangen, jeder auf einem anderen Weg. Sie hatte gehofft, zumindest durch andere Männer etwas Bestätigung zu erhalten, dass sie noch immer interessant und attraktiv war. Aber dieser Klaus hier schien ihre leisen Aufforderungen entweder nicht zu verstehen oder nicht verstehen zu wollen.

Also plauderte sie weiter mit ihm, beobachtete die anderen Gäste, ließ sich nichts anmerken.

***

Klaus hatte einen Stimmungsumschwung bei Bettina bemerkt und konnte sich nicht erklären, was mit ihr los war. Langweilte sie sich mit ihm? Er beschloss, sie ein wenig zu provozieren.

»Was wäre in diesem Augenblick Ihr größter Wunsch?«

Bettina sah ihn überrascht an. Ihr erster Gedanke war: dich zu ficken. Oh Gott, sie musste wirklich notgeil sein. Sie spürte die Röte in ihr Gesicht steigen – was zog sie an diesem Typen nur so an? Glücklicherweise war das Licht in dieser Ecke so schummerig, dass er ihre heißen Wangen nicht interpretieren konnte.

»Sie zu … massieren.« Es war das Erstbeste, was ihr auf der Suche nach einer Antwort einfiel. Er hob wie erwartet die Augenbrauen, überrascht, aber immerhin nicht abgestoßen.

»Mich zu massieren? Aber Sie haben doch Urlaub?«

Jetzt sah sie ihn offen an. »Ja, aber ich liebe meinen Beruf,« sagte sie schlicht. Dann kokett: »Und Ihr größter Wunsch?«

Klaus war nicht auf die Gegenfrage gefasst gewesen. Natürlich hatte sie das Recht, diese zu stellen. Er überlegte kurz, dann schmunzelte er: »Mich von Ihnen massieren zu lassen.«

»Tatsächlich? Oder sagen Sie das einfach so?« Sie lächelte.

Er betrachtete sie eingehend, dann grinste er: »Tatsächlich. Ehrlich gesagt, habe ich mich nicht getraut Sie zu fragen, weil Sie auch im Urlaub sind und es hier irgendwo auf diesem Kahn sicher einen Massagesalon gibt …«

»Gut. Gleich jetzt?«

Sie wollte wissen, wie weit er gehen würde. Sie rechnete mit einer lahmen Absage, mit einem ›Nein, irgendwann mal, sind ja noch länger unterwegs …‹ und dann würden sie beide anderen Menschen begegnen und sich wie ferne Bekannte auf dem Gang grüßen.

»Okay. Gleich jetzt.« Klaus war gespannt.

Sie schien überrascht zu sein, aber sie lächelte strahlend. Er sah sich nach dem Kellner um, zahlte die Getränke und sie gingen.

Auf Deck spürten sie den Wind, sahen die Sterne und das Wasser. Irgendetwas war zwischen ihnen geschehen, sie spürten es beide und wechselten kein Wort miteinander. Einträchtig liefen sie nebeneinander bis zu Bettinas Kabine, die sie aufschloss. Nacheinander traten sie ein. Bettina schaltete ein kleines Nachtlicht an. Sie war froh, ihr Öl dabei zu haben, das sie zum Massieren benutzte. Sie hatte es automatisch in ihren Koffer geworfen; jetzt wusste sie, warum. Sie bat Klaus, sich ein Handtuch zu nehmen und zu duschen, sich überall gründlich zu säubern, weil »es dazu gehört, sich zu reinigen und schon dadurch Entspannung zu erfahren«. Er sah es ein und verschwand in dem winzigen Bad. Bettina versuchte, in dieser Zeit tief durchzuatmen, ihr Öl, Papiertücher und ein paar zusätzliche Decken auf dem Boden auszubreiten. Die Kabine war zwar eng, doch es würde genügen. Leider hatte sie keine Kerzen, um stimmungsvolles Licht zu zaubern, und auch keine Entspannungsmusik, aber es würde auch so gehen. Sie hatte die Idee, ihm die Augen zu verbinden, als er zwar getrocknet, aber mit einem Handtuch um die Hüften wieder auftauchte. Mit einem Schmunzeln betrachtete er ihr Arrangement und schickte sich an, wieder in seine Hose zu schlüpfen, als sie ihm erklärte: »Äh, nein. Keine Hose. Das Handtuch genügt. Ich werde auch die Beine massieren, den ganzen Körper. Deshalb.«

»Ach so?« Klaus fand das ziemlich prickelnd, aber wenn sie ihm auch die Beine massierte, leuchtete es ein, dass er keine Hose benötigte. Er fragte, wie rum er sich legen solle, sie bat ihn, sich zunächst auf den Bauch zu legen, und er gehorchte. Leise sagte sie: »Normalerweise müsste jetzt stimmungsvolle Musik spielen, die habe ich leider nicht. Aber es wird auch so gehen. Wäre es okay, wenn ich Ihnen die Augen verbinde?«

»Warum?«, wollte er wissen.

»Damit Sie vergessen, dass Sie nackt sind,« argumentierte sie. Vor allem sollte er nicht sehen, dass sie sich ebenfalls auszog. Er würde es nur spüren, wenn es soweit war.

»Och, ich habe damit kein Problem.«

Also keine Binde. Okay. Leise zog sie sich wenigstens ihr Unterhöschen aus. Dann erklärte sie Klaus den ungefähren

Ablauf der Massage und mit welchen Körperstellen sie beginnen würde. »Es wird sehr ölig, aber das tut Ihrer Haut gut. Und es gibt keine schmerzhafte Reibung, wenn ich Sie bearbeite.« Sie träufelte Öl auf seine Oberarme, knetete und massierte sie, drückte jeden einzelnen Muskel bis zu den Fingerspitzen, machte das Gleiche mit dem anderen Arm. Dann verteilte sie das Öl auf seine Beine, knetete die Muskeln kräftig durch, berührte auch die Zehen. Ab und zu sprach sie leise: »Jeder Muskel wird täglich gebraucht, macht seine Arbeit, bewegt sich und leistet unschätzbare Dienste. Der ganze Körper ist wie ein Instrument, das hin und wieder gestimmt werden sollte. Doch zu viel Spannung ist ungesund, deshalb müssen Muskeln gelockert werden.«

Klaus blieb still liegen. Diese Frau wusste, was sie tat, sie schien jeden einzelnen Muskel zu kennen und vor allem sehr gezielt die verspannten aus seinem Körper heraus zu klauben. Ihre Finger waren kräftig und einfühlsam. Nachdem Arme und Beine auf diese Weise gelockert waren, widmete sie sich seinen Schultern, dem Nacken und dem Rücken. Sie arbeitete sich von oben nach unten vor und kurz vor seinem Handtuch zögerte sie. Dann streifte sie es ein klein wenig herunter und verteilte auch Öl auf seinem Gesäß. Sie knetete sein Fleisch, massierte es hingebungsvoll, und für Klaus wurde es bald etwas peinlich, weil es ihn erregte. Er spürte, dass sein bestes Stück anschwoll und hoffte, dass er sich nicht umdrehen müsste. Doch in diesem Moment sagte Bettina leise: »Bitte umdrehen.«

Verdammt.

Er zögerte, versuchte sich zu beruhigen. Wusste diese Frau, was sie da anrichtete? Gehörte das überhaupt zu einer klassischen Massage? Andererseits konnte er schon jetzt spüren, dass seine Glieder wohlig schwer wurden – nun ja, bis auf eines – und seine Rückenmuskeln wunderbar gelockert waren. Seufzend drehte er sich um und achtete darauf, dass das Handtuch um seine Lenden nicht verrutschte.

Bettina schmunzelte in sich hinein, als sie seine Bemühungen sah. Natürlich wusste sie, was ihre Art Massage bewirkte. Noch sah sie nichts von seinem Stab, doch das würde nur eine Frage der Zeit sein. Als er auf dem Rücken lag, massierte sie erneut seine Arme und Beine, diesmal stellte sie seine Beine auf, um eine bessere Lockerheit der Muskulatur zu erreichen. Sie träufelte mehr Öl auf ihn, dann auf seine Brust und massierte die Schultermuskeln. Dabei sah sie ihm lächelnd in die Augen. Klaus war wie gebannt von ihrem Blick, es lag etwas darin, das erneut etwas in ihm entfachte. In dem schummrigen Licht wirkten ihre Züge weich und schön, ihre Augen glänzten. Sie bewegte sich über seine Brust- und Bauchmuskulatur nach unten, er beobachtete ihr Haar, das ihr ins Gesicht fiel. Wohlige Wärme durchströmte ihn, er konnte es sich nicht erklären, aber inzwischen hatte er eine Latte, die ihr allmählich auffallen müsste. Inzwischen war sie an dem Handtuch angekommen. Es stand wie ein Zelt um seine Körpermitte. Bettina hielt inne und sah ihm in die Augen, fast sehnsüchtig. Klaus starrte zurück, unfähig, etwas zu sagen. Er spürte ihre Hand, die sich unter das Handtuch stahl und nickte leicht. Bettina zog es weg, bewunderte seinen Schwanz, der sich jetzt hart und rot erhob. Geübt kreisten ihre Hände um ihn herum, schienen ihn zu ignorieren, beschäftigten sich stattdessen mit seinen Hoden. Sie massierte sie sanft, strich mit den Fingern über seinen Damm. Klaus bekam große Augen. Das war völlig neu für ihn – bisher hatte er gedacht, nur sein Penis bräuchte Aufmerksamkeit, doch was sie gerade mit ihm machte, erregte ihn so sehr, dass er sich ein leises Keuchen nicht verkneifen konnte. Sie lächelte leise, strich über die Innenseite seiner Oberschenkel, berührte ihn dort unten überall, nur nicht seine Latte, die inzwischen vor Lust wippte.

Klaus stöhnte. Was hatte sie vor? Würde sie ihn heißmachen und dann stehen lassen?

Als Bettina endlich Öl auf seinen harten Stab träufelte und ihn anfasste, seufzte Klaus fast erleichtert auf. Sie lachte leise, nahm ihn zwischen beide Hände, als ob sie ihn zwischen den Handflächen rollen wollte. Auch das war ein ungewohntes Gefühl; Klaus spürte ihrer Berührung nach. Sie bewegte ihre Hände auf und ab, sein Schwanz glitt zwischen ihren Handflächen mit einer so geilen Reibung, dass Klaus vor Wonne die Augen schloss. Gleich war es soweit, er würde kommen und sie dann fragen, was sie sich dabei gedacht hatte. Doch für den Augenblick waren all seine Sinne auf diese Frau gerichtet, was sie mit ihm anstellte. Kurz bevor er selbst seine Hüften bewegen konnte, um schneller zum Ziel zu kommen, nahm sie ihre Hände weg, legte eine Hand auf seinen Bauch, die andere an seine Eier. Was sollte das? Empört riss er die Augen auf.

Bettina saß neben ihm und lächelte. Sein empörtes Gesicht sah zu komisch aus; ganz offensichtlich benötigte er eine Erklärung, die sie ihm eigentlich nicht geben wollte. Er sollte selbst sehen und spüren, was möglich war. Sie führte die gleichen Bewegungen wie vorher aus, massierte seine Eier, seinen Damm, griff auch unter ihn und knetete sein Gesäß. Das alles erregte Klaus weiter, er stöhnte, bewegte seine Hüften, weil es wie Folter für ihn war.

»Nein, nicht bewegen.« Bettinas Stimme klang leise, doch energisch. Klaus verstand nicht.

»Ich bin die Gebende, du der Nehmende. Ich bringe dich bis zum Höhepunkt und darüber hinaus, du empfängst. Je länger du es hinauszögerst, desto fantastischer wird es letztendlich für dich sein.« Dabei kreisten ihre Finger verlockend um seine Körpermitte, kreisten ihn ein, weckten verlangende Sehnsucht und erfüllten sie nicht – noch nicht.

Klaus atmete tief durch. Er wusste nicht, auf was er sich hier eingelassen hatte, doch nun war er hier, mit einer unglaublichen Latte und entweder, er brach hier ab, ging in seine Kabine und holte sich endlich einen runter, damit er diese Lust unter Kontrolle bekam, oder er ließ sich fallen, vertraute dieser unbekannten Frau, die ihn so weit gebracht hatte.

Er entschied sich für Letzteres.

Sein Nicken war für Bettina das Einverständnis, ihn weiter zu verwöhnen. Sie trieb ihn bis an den Rand der Ekstase, bis er glaubte, über eine Klippe zu springen, dann zog sie ihn wieder zurück und er erklomm den nächsten Berg, immer höher, immer weiter. Sein Stöhnen wurde lauter, sein Körper war angespannt vor Lust.

Bettina selbst war so heiß auf diesen Mann, dass sie sich fast nicht mehr beherrschen konnte. Doch wenn sie ihn jetzt bestieg, würde er sofort kommen. Daher verlangsamte sie ihre Bewegungen, ging dazu über, seinen Körper nochmals zu massieren, seine Arme und Beine, seine Schultern, damit sein Schwanz sich etwas beruhigte. Doch es dauerte etwa zehn Minuten, bis Klaus' Atem regelmäßiger wurde.

Sie bewegte sich wieder nach unten. Diesmal hörte sie, wie er bewusst ein- und ausatmete, als sie sanft seinen Stab in die Hände nahm. Sie strich wenige Male darüber und hatte den Eindruck, dass Klaus allmählich verstanden hatte, worauf es ankam. Sie hielt inne und sah ihn an. Seine Augen glühten vor Geilheit, sie selbst war nass vor Lust auf diesen harten Schwanz. Sie erhob sich, hob den Rock, schwang ein Bein über ihn, setzte sich auf seine Rute, die mühelos in sie eindrang. Klaus schnappte nach Luft. Die Enge, die ihn umfing, war köstlich und erregend. Bettina stöhnte, weil er sie komplett ausfüllte. Sanft bewegte sie sich, beobachtete sein Gesicht, konnte sich nicht mehr beherrschen und wollte es auch nicht mehr. Keuchend hob und senkte sie ihr Becken, spürte seine Härte, seine Reibung, fühlte, wie ihre geschwollene Kirsche bei jeder Bewegung auf ihn traf. Etwas in ihr schwoll an, sie stöhnte ihre Lust hinaus, Klaus kam ihr entgegen, fickte sie von unten, gab ihr Widerstand, den sie so dringend benötigte. Sie spürte den Orgasmus heranrollen, weit hinten noch, wenn nur Klaus so lange durchhielt, dachte sie. Ihre Bewegungen fanden einen gemeinsamen Rhythmus; Klaus konnte genauso wenig mehr denken wie Bettina, nur noch das eine gemeinsame Ziel hatten sie, bewegten sich im Einklang, erklommen den Hügel.

Als sie über die Klippe sprangen, stöhnten beide ihren Orgasmus hinaus. Klaus hatte das Gefühl zu explodieren und Bettina glaubte zu zerspringen. Sie hielt sich an dem Bett auf ihrer rechten Seite fest, sie zuckte noch, als Klaus sich in sie presste.

Danach lag sie auf seiner nackten, öligen Brust, spielte mit seiner Brustwarze und spürte der wohligen Entspannung nach. Klaus strich über ihren Rücken. Sie hörte sein Lächeln, als er sagte: »Nun, Frau Masseurin, ich glaube, diese Reise wird sehr interessant.«

Empirische Dates

Samantha nahm den Zimmerschlüssel in Empfang und steuerte den Lift an. Innerlich seufzte sie. Sie freute sich auf ein ausgiebiges Bad, ein leckeres Essen und dann ein weiches Bett. Das Hotel, in dem sie abgestiegen war, befand sich mitten in der Stadt und lag nahe dem Kongresszentrum, das sie seit gestern für etwa eine Woche lang aufsuchen würde. Weitere Teilnehmer der Tagung für »Sexuelle Interaktionen zwischen Mann und Frau« würden erst heute Nacht eintreffen, darunter eine langjährige Freundin von ihr. Sie freute sich schon darauf, Cindy wieder zu treffen, sie hatten sich schon lange nicht mehr gesehen. Die heutige Tagung hatte mit einer Diskussion geendet. Es ging um das Thema, warum Männer sich auf Sex einlassen können, ohne der Geschlechtspartnerin innige Gefühle entgegenzubringen. Eine ältere Professorin hatte behauptet, dass Frauen sich zu so etwas nie herablassen würden – herablassen! – und nun mal das Gefühl der Liebe und Sicherheit und Vertrauen bräuchten, um mit dem Auserwählten zu schlafen.

Samantha hatte dagegen gehalten, dass Frauen sehr wohl dazu fähig seien, einen Fremden zu vögeln, der ihnen gefiel. Letzten Endes war es auf ein Patt hinausgelaufen, weil Aussage gegen Aussage stand. Samantha – von ihren Freunden Sam genannt – war genauso wütend aus dem Saal gestapft wie die andere Professorin. Die männlichen Teilnehmer waren der

Diskussion natürlich fasziniert gefolgt. Der ein oder andere hatte ihr sogar zugeflüstert, er sei gerne bereit, ihr empirische Daten zu liefern. Pah.

***

Auf dem Weg zum Hotel hatte sie über das Thema ›empirische Daten‹ gegrübelt. Ihres Wissens gab es keine Statistik über das Thema, was zwar für die Tagung auch nicht relevant war, für die strittige Diskussion jedoch schon. Die Überheblichkeit der Professorin hatte ihren Widerspruch geradezu herausgefordert. Sam wusste, worauf das hinauslaufen könnte: Dass sie selbst, sollte sie auf ihrer Theorie beharren, womöglich als Flittchen gebrandmarkt werden könnte. Das war die eine Seite. Die zweite war, dass die Olle genauso scharf auf eine gewisse Anstellung in einer angesehenen Uni war wie sie selbst und sehr gut wusste, dass sie sich dorthin beworben hatte.

Aber die dritte Seite war für Sam letzten Endes ausschlaggebend. Sie wollte recht behalten und der Alten zeigen, was ne Harke war. Sie würde also tatsächlich empirische Daten benötigen, aber wie würde sie diese erheben können, vor allem in so kurzer Zeit?

In dem luxuriös ausgestatteten Badezimmer des Hotels ließ sie sich heißes Wasser ein, entkleidete sich und sank in den Schaum. Eines der Dinge, die sie benötigte, um einen freien Kopf zu bekommen. Sobald sie fertig war, würde sie sich ein leckeres Essen auf ihr Zimmer bestellen und sich Gedanken über ihr ›Problem‹ machen.

Der Schaum duftete und kitzelte sie in der Nase. Sie ließ die Gedanken müßig schweifen, seifte sich ein, shampoonierte ihr Haar. Als sie den Eindruck hatte, genügend eingeweicht zu sein, ließ sie das Wasser ablaufen und brauste sich den Schaum vom Körper. In den weichen Bademantel eingewickelt und mit halbtrocken frottiertem Haar bestellte sie sich telefonisch etwas aus dem Abendmenü, zog sich bequeme Sachen über und ging nochmals ihre heutigen Notizen durch. Sie würde am vorletzten Tag ihren Vortrag halten, den sie fast vollständig hatte. Sie wollte sich darin auf einige Aspekte der anderen Vortragenden beziehen, daher war es ein großer Vorteil, erst gegen Schluss dranzukommen. Als es klopfte, ließ sie den Zimmerkellner ein, unterschrieb die Quittung, gab ihm ein Trinkgeld und setzte sich gemütlich auf den Sessel, um ihr Essen zu genießen. Beim Kauen dachte sie weiter nach. Wie in aller Welt konnte sie an empirische Daten kommen, um es der ollen Prof zu zeigen, wenn es keine gab? Heutige Forschungen benötigten Probanden, die entweder ehrliche Antworten gaben, die ausgewertet werden konnten, oder die bereit waren, mit ihrem Körper unter strenger ärztlicher Bewachung Experimente anstellen zu lassen.

Experimente.

Hm.

***

Sie vergaß zu kauen, als ein Gedanke in ihr Gestalt annahm. Angestrengt starrte sie in die Luft. Hatten nicht die Entdecker von zum Beispiel Penicillin Selbstversuche gemacht? Natürlich war es etwas anderes, ob ein Medikament bei einer Krankheit anschlug. Und sollte sie tatsächlich das in die Tat umsetzen, was ihr gerade vorschwebte, dann wäre das längst kein Beweis für die olle Prof, weil sie ihr ja sonst was vorlügen könnte. Außer natürlich, ihre ›Probanden‹ würden sie unterstützen.

Ein wenig verwirrt über ihre Kühnheit aß sie ihren Teller leer, räumte alles auf das Tablett und stellte es vor die Tür. Sie musste erst einmal recherchieren, ob das möglich war. Sie nahm den dicken Wälzer von Telefonbuch und blätterte darin, bis sie die passende Rubrik gefunden hatte. Eine Anzeige ließ sie frohlocken, sie rief bei der entsprechenden Telefonnummer an und orderte. Natürlich nahm sie dabei auf ihre speziellen Vorlieben Rücksicht, schließlich musste sie es sich ja nicht schwerer als nötig machen, nicht wahr?

***

Etwa eine halbe Stunde später klopfte es an ihrer Tür. Sam hatte sich mittlerweile die Haare geföhnt und gebürstet, ein leichtes Make-up aufgelegt und etwas anderes angezogen, das zwar nicht das Eleganteste war, was sie besaß, aber eben auch nicht unbequem. Sam wusste, dass sie eine attraktive Frau war. Ihre Figur war schlank und an den richtigen Stellen kurvig, jedenfalls, wenn es nach ihrem früheren Lebenspartner ging. Er hatte ihren üppigen Busen geliebt. Ihre Haare waren blond und lockig, ihr Gesicht herzförmig mit vollen Lippen und großen, grünen Augen. Sam öffnete und begrüßte den jungen Mann, der davor stand. Sie bat ihn herein, bot ihm etwas zu Trinken an.

»Gerne.« Er lächelte sie höflich an, musterte ihre Figur und stellte fest, dass diese Frau ziemlich klasse aussah. Was brachte sie dazu, ihn zu rufen?

»Ich verfolge derzeit ein Experiment, sozusagen im Selbstversuch. Wären Sie bereit, mir dabei zu helfen und vor einer Fachtagung auszusagen, dass wir beide uns zuvor noch nie begegnet sind?«

Der junge Mann hob amüsiert die Brauen. Das versprach, interessant zu werden.

»Verraten Sie mir, worum es geht?«

»Ja, aber erst zum Schluss und wenn ich Ihre Zusage habe.«

»Einverstanden.«

Der junge Mann erhob sich, Sam beobachtete amüsiert, wie er sich langsam und gekonnt auszog. Er hatte sich mit dem Namen Terry vorgestellt – ein Alias, wie sie vermutete. Sein

Körper war muskelgestählt, er betrieb mit Sicherheit Sport und achtete auf seine Ernährung. Blondes Haar, markantes Kinn, blitzende Augen.

»Netter String,« bemerkte sie, als er soweit war.

»Danke.«

Der Inhalt des Strings konnte sich sehen lassen. Der ganze Kerl konnte sich sehen lassen. Überhaupt konnte sie sehen, dass ihm seine Arbeit Spaß machte, da ihm allmählich eine Latte stand. Lächelnd erhob sie sich, ließ sich von ihm entkleiden und drückte ihm eine Flasche Öl in die Hand.

»Bitte, massiere mich.«

»Gerne.«

Sam legte sich auf das Bett, das sie zuvor mit Handtüchern bedeckt hatte. Terry träufelte Öl auf ihren nackten Rücken, rieb es ein und begann, ihre Schultern zu massieren. Wohlig streckte Sam sich, es tat gut, die Muskeln gelockert zu bekommen. Sie spürte die großen Hände auf ihrer Haut, die die Flüssigkeit weiter verteilten und dabei immer wieder nach ihren Brüsten tasteten. Sehr nett. Dann wanderten die kräftigen Hände weiter bis zu den Rundungen ihres Pos, den sie ausgiebig kneteten und massierten. Inzwischen prickelte es zwischen Sams Beinen; der junge Mann wusste, was er tat und was eine Frau mochte. Ihre Beine wurden noch ein wenig gelockert, dann wanderten seine Finger wieder hinauf.

»Willst du dich umdrehen?«, fragte er heiser.

Sie wollte. Allein, um das Ausmaß seines Schwanzes zu begutachten. Der Anblick lohnte sich, sie spürte ein sehnsüchtiges Ziehen ihrer Kirsche. Terry begoss sie wieder mit Öl, auf ihre Brüste, ihren Bauch, ihre Beine und Arme. Er lockerte zunächst ihre Arme, dann die Beine. Ihr Busen zog seine Hände wie magisch an, sie verweilten lange dort, rieben mit den Daumen über ihre Nippel, machten sie rundum glänzend vor Öl wie blank geriebene Äpfel. Sam schnurrte. Dieser Terry war verdammt gut. Sie musste triefen vor Nässe, was er sicher gleich feststellen würde.

Terry ließ seine Finger nach unten gleiten, sie benetzten den Bauch dieser attraktiven Frau mit Öl und schlichen sich zwischen ihre schlanken Beine. Dort massierte er sie um die Schamlippen herum, was ihr ein Keuchen entlockte. Er grinste. Sein Schwanz zuckte schon die ganze Zeit, weil er in sie eintauchen wollte, sie von innen massieren. Aber zum Service gehörte, dass es um die Lust der Kundinnen ging, nicht um seine. Also massierte und drückte er ihre Scham, kreiste um ihre Perle herum, bis sie stöhnte. Dann rieb er sie, lange, hart, spürte ihre Nässe und wie weit ihre Schamlippen geöffnet waren. Er beobachtete ihr Gesicht, ihre Zuckungen, ihr Beben und hörte ihr Seufzen und Keuchen. Ab und zu bedachte er mit der anderen Hand seine Latte mit Aufmerksamkeit, damit sie ordentlich stehen blieb.

Irgendwann wollte Sam endlich erlöst werden von dieser süßen Folter, wollte den Verstand weggevögelt bekommen und flehte daher, dass er sie endlich ficken sollte. Zufrieden fragte Terry, welche Stellung sie bevorzuge. Sie keuchte: »Egal, machs mir endlich, ich brauch es!«

Er drehte sie auf den Bauch, hob ihren Hintern hoch, sodass sie kniete, und glitt tief in sie. Sam genoss dieses Gefühl, endlich ausgefüllt zu werden, von innen massiert und gerieben, und reckte sich ihm entgegen. Er packte sie an den Hüften, hielt sie fest, war vorsichtig zunächst, bis sie stöhnte: »Schneller! Härter! Gibs mir!«

Auch Terry keuchte jetzt, während er in sie pflügte und sie immer heftiger fickte. Er warf den Kopf zurück, biss die Zähne zusammen, er musste aushalten, bis sie gekommen war, deshalb gab er alles, um sie zu befriedigen. Sam wimmerte und stöhnte, sämtliche Gedanken waren auf ihre Möse gerichtet, die vor Lust brannte. Sie rieb ihre geschwollene Kirsche, die bald zu platzen schien. Terrys Eier klatschten bei jedem Stoß an sie; Sam griff danach, ließ sie sich auf ihrer Handfläche reiben. Das war fast zu viel für Terry, er keuchte: »Nicht!«

Kurz darauf hielt er inne. Er war kurz vor dem Orgasmus, doch sie war noch nicht gekommen, trotz ihres Stöhnens. Doch er wusste, wie er sie zum Explodieren bringen konnte. Er zog sich aus ihr zurück, verharrte vor ihrer Möse, dann schlüpfte er wieder in sie, jedoch nur halb. Sie jammerte: »Was soll das? Fick mich endlich!«

Er grinste, machte jedoch weiter. Er wusste, dass die Intervalle, bis er wieder in ihr war, ihre Erregung steigern würden, je länger, desto besser. Also glitt er wieder aus ihr, zählte die Sekunden, nach 5 Sekunden tauchte er wieder ein. Beim nächsten Mal zählte er 6 Sekunden, darauf 7 Sekunden und so weiter. Dieses Warten auf seinen Schwanz machte Sam irre. Sie stöhnte, spürte die wachsende Erregung, sehnte sich nach Erlösung und fragte sich, wie lange er das Spiel weiter treiben wollte. Es kam ihr wie eine Ewigkeit vor. Terry halfen diese kurzen Pausen, länger durchzuhalten, gleichzeitig bewirkten sie, dass Sam fast schrie vor Lust und Sehnen nach Erlösung. Terry war inzwischen bei 15 Sekunden angekommen, fühlte sich fit für den Endspurt und stieß jetzt tief in Sam hinein. Sie schrie auf. Er stieß sie, immer schneller werdend, immer heftiger, bis Sam mit dem Becken rotierte, schrie vor Lust und mit einem langen Beben explodierte. Da endlich konnte auch Terry sich erlauben zu kommen; mit einem Stöhnen ergoss er sich, presste sich in sie und zuckte.

Als beide sich erholt hatten, stieg Terry vom Bett, wischte sich im Bad das Öl vom Körper und zog sich an. Er würde zu Hause duschen. Zurück im Zimmer, lag Sam immer noch auf dem Bauch, sah ihn schläfrig an und murmelte: »Hammer.«

»Freut mich,« lächelte Terry.

»Wie viel?«

Er nannte einen Preis, nachdem er auf die Uhr gesehen hatte. Sam angelte nach ihrer Handtasche, zog ein paar Scheine aus ihrer Börse und gab sie ihm. »Stimmt so.«

»Danke schön. Und gerne wieder.« Er wandte sich zum Gehen und schmunzelte, als sie hinter ihm her murmelte: »Könnte sein, dass ich darauf zurückkomme.«

Die Tür klappte hinter ihm zu und sie war wieder allein. Mann, der Typ hatte es ihr vielleicht gegeben! Wohlig rekelte sie sich auf dem Bett, beschloss, erst am Morgen zu duschen und stattdessen zu schlafen.

***

Frisch und ausgeruht ging sie am nächsten Morgen zum Frühstück, genoss etwas Obst, Saft und Kaffee, machte sich dann auf den Weg zu dem Kongresszentrum, wo sie völlig entspannt den Vortragenden zuhörte. Dort traf sie auch ihre Freundin Cindy, die Frauen umarmten sich lachend und verabredeten sich zum Mittagessen.

Sie trafen sich in der kleinen Pizzeria neben dem Zentrum. Diese lag in einer ruhigen Seitenstraße, sodass sie nicht so leicht zu finden war und dementsprechend leer war es dort. Außer ihnen befanden sich nur zwei Pärchen darin, und nachdem sie Essen und Getränke bestellt hatten, tauschten sie gegenseitig ihre Neuigkeiten aus. Als Sam von ihrem ›Experiment‹ berichtete und wie der erste Versuch am Vorabend verlaufen war, funkelten Cindys Augen, während sie laut lachte.

»Du bist unglaublich! Denkst du wirklich, die olle Prof wird sich von deinen Selbstversuchen beeindrucken lassen?«

»Ich weiß es nicht.« Sam zuckte grinsend die Schultern. »Für mich sind diese Dates tatsächlich ein persönlicher Beweis für meine These. Aber was soll ich machen? In der kurzen Zeit?

Bis Freitag habe ich zumindest für mich selbst genug Daten gesammelt, um ihre Behauptung zu widerlegen. Ich weiß bloß noch nicht, ob ich das wirklich so öffentlich machen will …«

»Hmmm …« Cindy schmunzelte immer noch, während sie nachdachte.

»Im Grunde bräuchtest du mehrere ›Probanden‹, die bereit wären, dich zu unterstützen und ihrerseits diese … Versuche anstellen, stimmt?«

»Stimmt.«

»Okay, ich bin dabei.«

»Wie dabei?« Sam schaute ihre Freundin an, dann begriff sie.

»Cindy! Ist das dein Ernst? Das kann ich nicht von dir verlangen …«

»Das tust du ja auch nicht. Ich stelle mich mit dem größten Vergnügen freiwillig zur Verfügung. Ist eh schon viel zu lange her, dass mich einer mal ordentlich durchgemogelt hat. Gib mir die Nummer von diesem Terry, den will ich auch mal ausprobieren,« lachte Cindy.

An diesem Abend rief Sam eine andere Agentur an. Sie gab ihre Wünsche durch, frottierte ihre Haare und behielt den Bademantel, den sie nach der Dusche übergestreift hatte, gleich an. Dass Cindy sich diesen Terry bestellen wollte, brachte sie immer wieder zum Kichern. Sie war gespannt, was ihre Freundin am nächsten Tag berichten würde.

Als es an ihrer Tür klopfte, öffnete sie und bot wieder ein Getränk an. Der junge Mann war dieses Mal dunkelhaarig, trug einen sorgfältig gestutzten Bart, war ebenso muskulös und durchtrainiert wie Terry. Er nannte sich Jet. Sam grinste – ob die Anspielung auf einen ›Super-Jet‹ zufällig oder gewollt war? Egal, sie würde sich von seinem Können überraschen lassen. Auch ihm erklärte sie, um was für ein Experiment sich handelte, bat um seine Mitwirkung durch eine Aussage und dass er sie massiere.

Jet war mit allem einverstanden, sah sie mit seinen dunklen Augen durchdringend an, befragte sie seinerseits, was genau sie bevorzuge, um glücklich zu sein. Sie wies auf die Handtücher auf ihrem Bett.

»Ich liebe es, massiert zu werden, von oben bis unten. Nach einem harten Tag auf harten Stühlen mag ich es, wenn meine Muskeln gelockert werden.«

»Und wenn sie gelockert sind?«

»Lasse ich mich gerne überraschen.«

Jet stellte sein Glas ab, stand auf und kam zu ihr. Sie erhob sich ebenfalls und er streifte ihr den Bademantel von den Schultern. Seine Blicke bewunderten sie. »Wie kommt es, dass eine so schöne Frau keinen Partner hat?«, murmelte er.

»Wer sagt, dass ich keinen habe?«, fragte sie kokett zurück. Seine Augen gefielen ihr. Seine Hände auch, die sie jetzt streichelten.

»Aber nicht hier ...« Seine Stimme war ein sanftes Flüstern. Seine Lippen knabberten an ihrem Ohrläppchen. Uh. Der Verführer. Sie ließ es geschehen. Er knetete ihren Po, strich immer wieder fest darüber, während sein Mund sich an ihrem Hals bis zum Schlüsselbein und weiter bis zu ihren bereits harten Nippeln bewegte. Sam bekam Gänsehaut, schmiegte ihren Körper an ihn und überlegte, was er in seiner Hose haben mochte. Vielleicht brauchte er ein Weilchen, um in Stimmung zu kommen, und das Vorspiel war seine Methode dazu? Egal, wie es war, es war auch ganz nett und vor allem interessant. Offensichtlich ging der Mann davon aus, dass Frauen generell ein Vorspiel benötigten. Sie runzelte die Stirn, während Jet sich ausgiebig mit ihrem Busen beschäftigte. Er leckte über ihre Brustwarzen, rieb mit den Daumen darüber, umfasste die Rundungen mit seinen Händen. Na gut, das hatte auch etwas für sich. Eigentlich törnte es sie mehr an, wenn sie seine harte

Latte sah oder zumindest die Vorhut davon. Also nestelte sie an seiner Kleidung herum, bis der Knopf endlich geöffnet war und die Hose zu Boden rutschte. Wieder ein String – trugen das diese Typen alle? Noch immer war er dabei, sie zu streicheln und zu küssen, bis sie sich ihm entzog und mit einem Wort die Ölflasche in die Hand drückte: »Massieren.«

Sie legte sich auf den Bauch, spürte seine Verwirrung und blinzelte in Richtung seines String-Tangas. Doch, der war schon ordentlich ausgebeult. Jet entledigte sich auch seines Oberteiles, dann nahm er neben ihr Platz und träufelte Öl auf ihre Haut.

Seine Art zu massieren unterschied sich von Terry haushoch. Während Terry ziemlich gezielt massiert hatte, mit kräftigem Kneten ihre Muskeln gelockert sowie gleichzeitig sie heißgemacht hatte, war Jet viel zu sanft für ihre Begriffe. Sie spürte seine Hände kaum. Sie streichelten viel, aber massierten sie nicht. Sie berührten sie an allen möglichen Stellen, jedoch nicht an den erogenen Zonen, die eine Frau nun mal so hatte. Als Sam allmählich sauer wurde vor Ungeduld, hatte er es zumindest geschafft, ihren ganzen Körper mit Öl zu bedecken und mit einem harten Schwanz aufwarten zu können. Gut. Sie würde den Fick jetzt über sich ergehen lassen und das wars dann. Terry hatte sie am Vorabend von hinten genommen, das durfte Jet jetzt auch tun und mal zeigen, was er konnte. Sie hob ihren Hintern und forderte ihn auf, es ihr zu besorgen. Jet stieg hinter ihr auf das Bett, befingerte ihre Möse ein wenig, freute sich, dass sie nass war – wie auch sonst bei der Menge Öl? – und hielt sich an ihren Hüften fest, als er in sie pflügte. Sam keuchte auf. Immerhin war sein Rohr schön groß und hart. Wenigstens das musste er doch hinkriegen?

Jet kriegte es hin. Seine fachlichen Qualitäten auf diesem Gebiet waren beispiellos und ohne Makel. Er vögelte Sam das Gehirn raus, jedenfalls hatte sie den Eindruck, brachte sie tatsächlich zum Kreischen, sodass der Zimmernachbar laut an die Wand klopfte, und war immer noch hart wie ein Stock, als Sam erschöpft vor Lust und Orgasmus zusammenbrach. Sie blinzelte auf seinen Schwanz und überlegte, ob sie jetzt dazu verpflichtet war, ihm ebenfalls Befriedigung zu verschaffen? Nein, oder?

»Keine Sorge,« beschwichtigte Jet sie. »Für mich ist das okay.« Er packte das widerspenstige Ding in seine Hose – wohlgemerkt, ohne String –, zog sein Oberteil wieder an und wartete ab. Sam angelte nach ihrer Geldbörse und gab ihm ein großzügiges Trinkgeld dazu. Noch leicht benommen winkte sie ihm nach: »Bis Freitag.« Die Adresse hatte sie ihm während des Vorgespräches mitgeteilt, ebenso die Uhrzeit. Sowohl er als auch Terry würden kommen. Apropos Terry – sie musste Cindy unbedingt sagen, dass es besser wäre, andere Helferlein als sie zu nehmen. Wenn sie immer die von Sam ›abgelegten‹ nahm, gab es nicht unbedingt eine Vielfalt, die jedoch gewünscht wäre. Eigentlich, so sinnierte sie vor dem Eindösen, eigentlich bräuchten sie noch mehr Frauen für diesen Selbstversuch. Vielleicht kannte Cindy noch jemanden?

***

Wieder war sie am nächsten Morgen wohlig entspannt beim Frühstücksbüfett aufgetaucht. Cindy wartete bereits auf sie. Nachdem Sam sich mit Obst und Saft versorgt hatte, setzte sie sich zu ihrer alten Freundin und grinste sie an.

»Und?«

»Der Junge war der Hammer,« Cindys Augen funkelten vor Gier. »Am liebsten würde ich den jetzt jeden Abend buchen, aber das kommt deinen empirischen Daten wohl nicht sehr entgegen.«

»Richtig. Ich wollte dir auch sagen, dass es vielleicht besser wäre, wenn du dir andere Teilnehmer als ich suchst. Und kennst du vielleicht noch ein paar Frauen, die mitmachen würden?«

Sam wusste, dass Cindy ein Netzwerk hatte und mehr Leute kannte als sie. Vielleicht hatten sie ja Glück?

»Bestimmt. So was wird sich kaum eine entgehen lassen.« Cindy grinste breit, als sie ihren Kaffee schlürfte.

»Möchte wissen, was mein Nachbar denkt,« fiel es Sam ein. »Der hat zum Schluss an die Wand geklopft, weil wir zu laut waren. Eher ich,« fügte sie verlegen hinzu. Ihre Freundin lachte lauthals los.

»Bei mir war das Gleiche! Vielleicht kriegen wir ja raus, wer unsere Nachbarn sind?«

Nach dem Frühstück begaben sie sich zum Kongresszentrum. Heute war die ›olle Prof‹ dran, ihren Vortrag über die weiblichen Interaktionen zu halten. Sie war eine humorlose Frau, hager und streng dreinblickend. Sam bedauerte die Studenten, die sie hatten. Als die Prof zum Rednerpult ging, räusperte sie sich in das Mikrofon und sagte:

»Meine Damen und Herren, ich weiß nicht, wer meine Zimmernachbarn sind, doch ich bitte Sie inständig, am Abend weder polternden Lärm zu machen …,« Cindy wurde rot, »… noch herumzukreischen. Ich möchte schlafen und bestehe auf entsprechende Ruhe. Sollte es diesen Abend wieder so sein, benachrichtige ich den Hotelmanager und werde mich über die Personen beschweren.« Sam war ebenfalls rot geworden, bei dem Wort ›kreischen‹. Sie und Cindy wechselten einen Blick und mussten sich beherrschen, nicht laut herauszuplatzen vor Lachen. Mit Mühe pressten sie sich Taschentücher vor die Gesichter, taten so, als ob sie husten müssten, und brauchten ein paar Minuten, sich zu beruhigen. Währenddessen hatte die Prof ihren Vortrag begonnen und trug mit monotoner Stimme ihre Erkenntnisse vor.

Zum Mittagessen in der kleinen Pizzeria hielten Sam und Cindy sich ihre Bäuche vor Lachen und wischten sich die Tränen aus den Augen.

»Wir müssen uns was einfallen lassen,« japste Cindy.

»Ja. Am besten lassen wir uns knebeln,« keuchte Sam.

Das war letzten Endes die Idee, die sie sich beruhigen ließ. Cindy berichtete außerdem, dass sie noch drei Frauen gefunden hatte, die tatsächlich bereit waren mitzumachen.

»Wunderbar. Sie sollen sich auch knebeln lassen.« Wieder brachen sie in Kichern aus. Sie hatten noch zwei Abende für ihre empirischen Dates, wie Cindy die Aktion nannte. Am Freitag mussten die Callboys auf dem Kongress antanzen und ihre Aussage machen.

»Weißt du was? Wahrscheinlich bekomme ich allein wegen meiner Promiskuität die Stelle nicht, sobald sich das rumspricht. Aber das ist es mir wert, das entsetzte Gesicht von der ollen Prof zu sehen und sie eines Besseren zu belehren.«

»Ich bin wirklich gespannt, wie das auf dem Kongress ankommt. Außerdem wirst du noch deinen Vortrag halten, nicht wahr?«

»Ja. Wobei ich überlege, ob das nicht mein Vortrag sein könnte,« meinte Sam verschmitzt.

»Auch eine Idee.«

Sie diskutierten noch darüber, welche Agenturen sie an diesem Abend anrufen sollten, dann kehrten sie zu dem nächsten Vortrag zurück. Cindy versorgte die teilnehmenden Frauen mit den notwendigen Informationen. Sam bestellte sich wieder ein Abendessen auf ihr Zimmer, dann telefonierte sie eine neue Agentur an. Diesmal gab sie durch, welche Art Sex sie sich wünschte und wie in etwa der Mann körperlich beschaffen sein sollte. Als sie auflegte, dachte sie, so einen wird es nicht geben, den muss ich mir malen. Aber die Frau am Telefon hatte ihr mitgeteilt, dass Ron vermutlich ihrer Beschreibung am besten entsprach und sie ihn vorbei schicken würde. Sam war gespannt.

Eine halbe Stunde später klopfte es, sie öffnete und prallte erstaunt zurück. Wenn die Dame aus der Agentur sie so einschätzte … – aber gut. Sie war für Überraschungen offen und bat Ron herein. Er schloss die Tür hinter sich und grinste sie an. Sein Haar war lang, er hatte gepiercte Ohrläppchen, eine Sonnenbrille auf der Nase und eine knappe Lederweste, die seine muskulösen Oberarme zur Geltung brachten. Die Beine steckten in Lederhose und Stiefeln. Sam hatte wieder nur den Bademantel an und jetzt unsicher, ob sie es wirklich mit einem Rocker treiben sollte. Was, wenn der sie vergewaltigte?

Unsinn, schalt sie sich jetzt. Genau deswegen war der hier. Um es ihr richtig zu besorgen, wie er sich gerade selbst ausdrückte. Er nahm den angebotenen Drink und kippte ihn gekonnt hinunter, dann schob er seine Sonnenbrille über die Stirn und lächelte sie mit blitzenden Augen an.

»Wollen wir?«

»Moment.« Sie erklärte ihm ihr Experiment, fragte, ob er einverstanden sei, am Freitag auf dem Kongress zu erscheinen – »klar, Süße« – und musste selbst lachen, als sie sich so zuhörte. Ron grinste ebenfalls und verengte gierig seine Augen. »Worauf stehst du, Süße?«

Sie wusste es bald selbst nicht mehr. Eigentlich durfte dieser Typ mit ihr machen, was er wollte, seine Art brachte ihre Möse zum Prickeln. Deshalb ließ sie den Teil mit der Massage weg und meinte trocken: »Besorgs mir einfach, Kumpel.«

Als sie sich selbst den Knebel in den Mund schob, sah er sie fragend an.

»Ich dachte mir schon, dass du ne Braut bist, die was wegstecken kann, aber Knebel?«

Sie erklärte es ihm. Dann schob sie das Stück Stoff, das ihre Unterhose war, wieder in den Mund und sah nun ihrerseits ihn fragend an. Er grinste wieder, amüsiert über die ganze

Situation, dann zog er sie aus, überraschend behutsam. Er hob die Arme und lächelte: »Nichts ist so geil, wie einen Mann von seiner Verpackung zu befreien.« Sie tat ihm den Gefallen, fand ihn tatsächlich richtig geil mit dem dicken Stab in seiner Hose und bewunderte ihn ausgiebig. Inzwischen war ihre Kirsche geschwollen und kündigte ihre Lust auf diesen muskulösen Kerl unmissverständlich an. Sam presste sich an den Kerl, als der sie umarmte und ihre Pobacken mit seinen großen Händen bearbeitete. Sein Schwanz drängte zwischen ihre Beine, sie hob ein Bein und schlang es um seine Hüften. Ron hob sie hoch und setzte sie auf seinen Stab, der sofort in sie glitt und sie von innen massierte. ›Auch eine Art Massage‹, schmunzelte sie in sich hinein, während sie sich auf ihm bewegte und die Reibung auskostete. Der Mann war stark; er hob und senkte ihr Becken, stieß tief in sie. Sam wimmerte. Bei jedem Stoß wurde ihre Klit gereizt, sie öffnete ihre Schenkel so weit wie möglich. Ron trug sie bis zu einer Wand, an die er sie lehnte, damit sie besseren Halt hatte. Es ermöglichte ihm außerdem, sie schneller zu ficken, wie er keuchte, und sie wollte es doch schnell? Sam nickte, der Knebel verhinderte, dass sie mehr als Wimmern hervorbrachte. Doch ihr Körper wummerte bei jedem Stoß gegen die Wand. Sie versuchte, sich an Ron festzuhalten, um ihn dazu zu bringen, sie von der Wand fortzunehmen, doch der verstand nicht, was sie wollte und dachte, sie bräuchte mehr Tempo.

Und so kam es, dass Ron Sam um den Verstand vögelte, bis sie auf ihm zuckte und die Augen verdrehte. Sie hatte das Gefühl, fast bewusstlos zu werden, doch das energische Klopfen an der Wand hinter ihr hielt sie sozusagen wach. Ron kam keuchend und stöhnend, sein Rohr füllte sie aus und ließ tatsächlich keinen Wunsch offen. Mit letzter Kraft klammerte sie sich an Ron fest, bis er sie hinunterließ. Ihre

Beine zitterten, sie ließ sich auf das Bett fallen. Ron suchte seine Sachen zusammen und zog sich an. Grinsend schaute er auf sie hinunter. »Bist ne geile Braut.« Sam reichte ihm ein paar Scheine und murmelte: »Du auch.« Er hob amüsiert die Brauen und ging. Ganz klar, er hatte ihr den letzten Rest Verstand rausgefickt. Erschöpft schlief sie ein.

***

Der folgende Tag, ein Donnerstag, fand eine Sam vor, die zwar angenehm ausgeschlafen, jedoch wundgefickt war. Sie beschloss, es für diesen Abend gut sein zu lassen und lieber darauf zu bauen, dass die anderen Frauen empirische Erfahrungen mitbrachten. Beim Frühstück berichtete sie Cindy von ihrem Entschluss und erhielt einen Bericht von ihr aus allerersterHand.

»Die anderen Frauen hatten wohl eine richtig geile Nacht, jedenfalls waren sie zufrieden und werden auch heute Abend sich nochmals beglücken lassen. Ich selbst fand meinen Lover jetzt nicht so toll, aber immerhin habe ich das Bett von der Wand abgerückt, damit die olle Prof nicht in ihrem Schlaf gestört wird.«

»Hm.«

Cindy sah sie fragend an.

»Na ja, ich hatte brav den Knebel im Mund und das Bett haben wir gar nicht benutzt. Aber er hat mich gegen die Wand gelehnt und dort gevögelt – bei jedem Stoß stieß mein Körper gegen diese Wand …«

Cindy bekam große Augen und einen Hustenanfall.

»Du kannst dir also vorstellen, wer geklopft hat, ja?«

Sie konnte. Deswegen konnte sie sich nur langsam beruhigen. Cindy japste derart nach Luft, dass Sam sich allmählich Sorgen machte. Doch nach ein paar Minuten wischte sich ihre Freundin die Lachtränen aus dem Gesicht.

»Der Hammer.«

Mehr gab es nicht zu sagen.

Der Kongresstag plätscherte vor sich hin; die olle Prof hatte einen verkniffenen Zug um den Mund und der Abend war wunderbar ruhig für Sam, die diesmal früh zu Bett ging und ihre wunde Möse schonte.

***

Der Freitagmorgen brach an. Sam war früh aufgestanden, hatte sich Notizen gemacht und trank beim Frühstück nur einen Kaffee. Cindy und die anderen Frauen nickten ihr zu, sie begaben sich gemeinsam zum Kongresszentrum, dessen Tagungsraum sich allmählich füllte.

Als fast alle Teilnehmer da waren, trat Sam zum Mikrofon und begrüßte die Anwesenden.

»Guten Morgen, meine Damen und Herren.« Aus dem Augenwinkel sah sie an der Bühnenseite mehrere Männer, die ganz offensichtlich nicht hierher gehörten, darunter der Rocker. Sie nickte ihnen zu. Dann erzählte sie dem Publikum von der Diskussion, die sie und ein wohlgeschätztes Mitglied dieser Tagung vor ein paar Tagen gehabt hatten. Dann erklärte sie, wozu sie sich entschlossen und die letzten Abende getan hatte; jedoch nicht nur sie, sondern auch andere mutige Frauen, die ihre Sicht der Dinge teilten. Ein Raunen ging durch das Publikum. Sam lächelte den Männern an der Bühnenseite ermutigend zu und bat sie, nach oben zu kommen. Auch die Teilnehmerinnen an ihrem Projekt bat sie nach oben. Einen nach dem anderen befragte sie: »Mit welcher Dame hatten Sie an welchem Tag Sex? Und haben Sie sie zuvor bereits gekannt?« Jeder deutete auf die entsprechende Frau und beantwortete die letzte Frage mit Nein.

»An diesem Punkt möchte ich mich bei Frau Professor Uttenreuth von ganzem Herzen entschuldigen, dass unter anderem ich sie um ihren Schlaf gebracht habe.« Gelächter brandete auf; die ›olle Prof‹ saß mit hochrotem Kopf da.

»Und auch wenn unsere empirischen Dates selbstverständlich keinen Anspruch darauf haben, in eine Statistik aufgenommen und wissenschaftlich verwertet zu werden, so zeigen sie zumindest, dass ich nicht die Einzige bin, die fähig ist, mit völlig fremden Männern Sex zu haben, ohne dass andere Gefühle als die pure Lust eine Rolle spielen. Vielen Dank.«

Beifall brandete auf, einige Teilnehmer johlten, während die Herren wieder von der Bühne gingen und auch Sam mit den anderen Frauen von dort verschwand. Sie hatte das Gesicht der ollen Prof gesehen und freute sich, sie widerlegt zu haben. Sie hatte jedoch auch das Gesicht des Professors gesehen, an dessen Uni sie sich beworben hatte. Sie würde diese Stelle vergessen müssen; er hatte einen undurchdringlichen Gesichtsausdruck gehabt.

Cindy fand sie rauchend am Hinterausgang.

»Sam, dich will jemand sprechen.«

»Wer?«

»Komm einfach mit.«

Sie folgte ihrer Freundin und stand kurz darauf vor dem Professor. Gerade ihm hatte sie in dieser Situation nicht begegnen wollen. Er kam ohne Umschweife zur Sache.

»Sehr interessant, Ihr Vortrag, sehr interessant. Vor allem, dass Sie bereit waren, die Mühe der empirischen Feldforschung auf sich zu nehmen, nur, um eine Kollegin zu widerlegen …« Ein leises Schmunzeln zuckte um seine Mundwinkel.

»Sie haben die Stelle. Weil Sie mutig sind und sich nicht zu schade, neue Wege zu gehen.« Er drehte sich um und ging. Sam glaubte, nicht richtig gehört zu haben.

»Hammer!«

GESCHÄFTE

Seine Geschäfte führten ihn in verschiedene Städte Deutschlands. An diesem Wochenende befand er sich in einem Hotel in Berlin. Tagsüber hatte er sich den Alexanderplatz, das Brandenburger Tor und das Wachsfigurenkabinett angesehen. Jetzt war er von der vielen Lauferei zwar müde, konnte jedoch nicht schlafen. Das Fernsehprogramm in dem einfachen Hotelzimmer war langweilig.

Hieronymus Braun war ebenfalls langweilig; ein langweiliger Mann mit einem langweiligen Beruf. Als Handelsreisender – oder auch Vertreter – hatte er die Aufgabe, für seine Firma neue Kunden zu gewinnen, die Stammkunden regelmäßig zu besuchen und neue Produkte vorzustellen sowie Reklamationen mit viel persönlichem Elan entgegenzunehmen. Letzteres fiel ihm besonders schwer, denn er hatte kaum Charisma und so sehr er sich auch bemühte, sein Äußeres attraktiv zu gestalten, wollte es ihm nicht gelingen.

Sein Haar war sandfarben und lichtete sich bereits am Hinterkopf. Das Gesicht war rundlich, meistens rot wegen seiner empfindlichen Haut, und die Kratzer von der täglichen Rasur waren schwer zu verbergen. Die Augen waren klein, lagen tief in den Höhlen und blinzelten oft, weil sie die Unsicherheit ihres Besitzers verbergen wollten. Braun war auch nicht muskulös und groß wie so viele gut aussehende Kollegen, sondern klein und ein bisschen unförmig, jedoch nicht dick. Wenigstens schaffte er es, sein Gewicht zu halten.

Ab und zu genehmigte er sich gerne ein Gläschen Wein, manchmal auch zwei oder noch mehr, vor allem dann, wenn er ein schwieriges Gespräch mit einem Kunden hinter sich hatte und noch nicht wusste, ob er erfolgreich gewesen war. Das machte ihn jedes Mal trübsinnig, und weil er in dieser Situation oft nicht schlafen konnte, gönnte er sich wenigstens ein paar Stunden des Vergessens durch die kleinen Fläschchen aus der Minibar.

Berlin war immer eine Reise wert; außer der Arbeit mochte er die Stadt. Sie entwickelte sich zu einer Weltstadt, viele Häuser wurden neu gebaut, andere saniert. Das quirlige Leben inspirierte ihn, er konnte stundenlang durch die Gegend laufen und über die Geschichte, die diese Menschen, die Häuser erlebt hatten, sinnieren. Manchmal wünschte er sich eine Zeitmaschine, um in die Vergangenheit zu reisen und als unsichtbarer Teilnehmer gewissermaßen alles noch einmal erleben zu können. Immerhin gab es dieses Museum am früheren Checkpoint, das viele Exponate aus der jüngeren Vergangenheit Deutschlands ausstellte und durch verschiedene Filme die schwierige Lage Berlins darstellte.

Doch jetzt saß Braun, wie er von seinen Kollegen nur genannt wurde, in seinem schlichten Hotelzimmer und dachte darüber nach, was er an diesem Abend noch anstellen sollte. Er hatte weder Frau noch Kinder, seine Eltern waren vor längerem verstorben, und es gab niemanden, den er einfach mal anrufen konnte, um zu plaudern. Er hatte auch keine Freunde, jedenfalls nicht in dem Sinn, was man unter Freunde verstand. Klar gab es den einen oder anderen Kollegen, mit dem er sich verstand, vor allem mit Karl Dietz hatte er in letzter Zeit häufiger Kontakt gehabt. Was Braun auf die Idee brachte, diesen Kollegen einfach mal anzurufen und zu fragen, ob der einen Tipp hatte, was ein einsamer Mann in einer großen Stadt abends noch machen konnte.

***

Als Dietz endlich abhob, war Braun nach der langen Klingelei schon hin- und hergerissen, ob er nicht wieder auflegen sollte, sicher war der Kollege unterwegs. Deshalb war er dann doch überrascht über die atemlose Stimme von Dietz.

»Ja?«

»Oh, hallo Dietz, guten Abend, hier ist Braun!«

»Ja?«

»Ähm, störe ich?«

»Ja!«

»Oh, tut mir leid …«

»Junge, ich hab hier eine Süße am Start, die bereit ist, mir das Gehirn rauszuvögeln, also beeil dich. Was willst du?«

»Äh …« Gehirn rausvögeln? »… du warst schon öfter in Berlin, ja?«

»Ja.« Lauter werdendes Keuchen. Braun wurde ganz unruhig. Der Kollege war offensichtlich während seines Telefonats schwer beschäftigt.

»Wollte nur fragen, ob du Tipps hast, was man abends hier noch anstellen kann.«

»Das Gleiche wie jetzt. Vögeln.«

»Oh!«

»Machs gut, Braun.« Klicken.

Braun legte den Hörer auf und dachte nach. Dass Dietz sogar während des Telefonierens noch fähig war, derart … intensive Geschäfte zu tätigen, beeindruckte und erregte ihn. Er fragte sich, ob er zu so etwas ebenfalls in der Lage wäre und stellte sich vor, wie eine Frau seine Hoden lutschen würde und er gleichzeitig mit jemand völlig anderem reden müsste. Die Vorstellung war so unglaublich, dass er tatsächlich einen Ständer bekam und völlig verwirrt war. Jetzt würde er überhaupt nicht mehr schlafen können! Was sollte er jetzt machen?

Er versuchte es mit einer kalten Dusche, aber das Bild in seinem Kopf ging nicht weg. Im Gegenteil, sobald sein Blick auf das Telefon fiel, war es wieder da. Er stand im Bademantel vor dem hoteleigenen Gerät und starrte es an. In Hüfthöhe klaffte der Bademantel auseinander und sein Schwengel zeigte ebenfalls auf das Telefon. Was Braun auf eine Idee brachte. Er schlug das örtliche Telefonbuch auf, fand die entsprechende Rubrik ›Erotik‹ und wählte eine Nummer. Die Frau am anderen Ende hatte eine laszive, dunkle Stimme, die verführerisch klang und seinen Schwanz interessiert zucken ließ. Sie forderte ihn mit Fragen heraus wie: »Süßer, bist du nackt? Ist dein Ständer gewachsen?« Und Aussagen wie: »Stell dir vor, wie du ihn in mich steckst, du geiler Hengst!«

Braun keuchte und schwitzte am Telefon, in der einen Hand den Hörer, in der anderen seinen Schwengel, den er immer heftiger rieb. Die Frau animierte ihn sehr geschickt; gekonnt schuf sie Bilder in seinem Kopf, die ihn unglaublich geil machten. Als sie selbst stöhnte und keuchte, explodierte er und stöhnte laut in den Hörer. Sein Samen spritzte über den Teppich, aber der Orgasmus war klasse, fand er. Zum Schluss bedankte er sich, wusste, dass die Gebühren ihm vom Hotel in Rechnung gestellt würden und legte auf. Erleichtert betrachtete er die Flecken auf dem Teppich. Er würde sie mit etwas Wasser und Seife auswaschen, dann würden sie trocknen und niemand etwas merken.

Er wusch sich ebenfalls noch einmal, dann zog er seinen Pyjama an und ging zu Bett. Er würde gut schlafen können; Alkohol und Sex, auch wenn man dabei alleine war, waren nun einmal die beste Mischung. Seine letzten Gedanken galten dem morgigen Kundengespräch, das vermutlich etwas schwierig würde, dann schlief er zufrieden ein.

***

Selten hatte er so gut geschlafen, stellte er am nächsten Morgen fest. Er stand auf, duschte sich, zog sich an und ging zum Frühstück. Dort gönnte er sich Kaffee, etwas Toast, ein Ei und Saft. Er zog sich an einen abgelegenen Tisch zurück, um in Ruhe Zeitung lesen zu können. Ihm gegenüber an einem anderen Tisch saß eine sehr attraktive Frau: brünett, schmales Gesicht, klare Augen und eine Figur… er kam ins Träumen. Der gestrige Abend hatte in ihm einen Appetit geweckt, den er sich nicht erklären konnte. Er war doch sonst nicht so? Während er die Bissen in seinen Mund schob, beobachtete er verstohlen die Frau ihm gegenüber, die ihn glücklicherweise nicht beachtete. So konnte er ausgiebig ihr hübsches Gesicht betrachten, darüber nachdenken, ob sie wohl einen Freund oder Mann hatte, womöglich Kinder und verstieg sich zu der Vorstellung, sie einfach anzusprechen. Als ihr Blick ihn zufällig streifte, lächelte er sie spontan an, was ihm nur einen weiteren Blick einbrachte, der eindeutig verächtlich war.

Er hatte wohl wirklich nicht das gewisse Etwas, das ihm Glück bei den Frauen bescherte. Es frustrierte ihn, sodass er sich versehentlich Kaffee über das frisch gestärkte Hemd goss und sich umziehen musste. Viel Geschick hatte er nicht: Nur sein Verkaufstalent und sein Einfühlungsvermögen, was Kunden betraf, konnten sich sehen lassen. Nach einem Blick auf seine Armbanduhr stellte er fest, dass er zu spät kommen würde, wenn er sich mit dem Umziehen nicht beeilte. Er stand auf, lief in sein Zimmer, zog ein sauberes Hemd aus seinem Koffer und zog sich um. Dann inspizierte er den Stadtplan, beschloss, sich ein Taxi zu rufen, und wappnete sich für das Gespräch. Der Kunde war in diesem Fall eine erfolgreiche Geschäftsfrau, der gegenüber er seinen ganzen verfügbaren Charme anwenden musste. Er war sich nur nicht sicher, ob er überhaupt einen hatte.

***

Drei Stunden später seufzte er erleichtert auf. Die Dame hatte ihn kühl gemustert und war gleich zum Geschäftlichen gekommen – er hatte gar nicht erst versucht, ihr zu schmeicheln. Sie konnten sich einigen, und nur das zählte. Jetzt suchte er ein Restaurant auf, um einen Imbiss zu nehmen. Danach hatte er einen weiteren Termin und würde sich für den Abend etwas überlegen müssen. Ob er noch einmal diese Nummer anrufen sollte? Er war unschlüssig. Andererseits hatte er nach seinem Masturbieren wunderbar schlafen können. Vielleicht könnte er sich über Pay-TV einen Porno ansehen.

Der Abend brach herein, zufrieden und erschöpft von den langen Gesprächen kehrte Braun in sein Hotel zurück. Er bestellte sich ein Essen auf das Zimmer und durchsuchte das Fernsehprogramm, während er wartete. Tatsächlich fand er einen Film, der vielversprechend klang: ›Masseusenfick‹. Den würde er sich ansehen, sobald der Zimmerservice da gewesen wäre.

Der Lachs in Sahnesoße schmeckte ausgezeichnet. Er tupfte sich den Mund mit der Stoffserviette ab, schenkte sich noch ein Glas Weißwein ein und brachte das Tablett vor die Tür. Jetzt endlich konnte er sich dem Film widmen. Er hatte noch nie zuvor Pornos angesehen und war gespannt.

Der Film handelte von Frauen, die von Beruf angeblich Masseurinnen waren, jedoch die Männer, die ihnen gefielen, verführten. Die Typen, die darin auftauchten, hatten alle ein Sixpack und breite Schultern sowie einen Schwanz, der die Damen begeisterte. Sie rieben die Männer mit Öl ein, massierten sie von oben bis unten, vergaßen dabei den bereits harten Schwengel nicht, den sie ausgiebig rieben und leckten, um ihn dann mit ihrer Möse zu massieren, indem sie den Kerl ritten. Geile Sache, fand Braun. Allein, wenn er sich vorstellte, von einer hübschen Frau derart verwöhnt zu werden, also, am ganzen Körper … Er war längst hart, als die Typen im Film sich noch über die Masseusen wunderten und versuchten, ihren stetig wachsenden Freund zu verbergen. Braun wäre an ihrer Stelle selig liegengeblieben und hätte sich vertrauensvoll in die zarten Hände der Masseuse begeben. So aber saß er vor dem Fernseher, hatte seinen Stab in der Hand und stimmte seine Bewegungen auf die der Frauen ab. Er keuchte auf, als die Damen ihre Brüste entblößten. Eine von ihnen setzte sich auf das Gesicht des Mannes, die andere auf dessen riesigen Schwengel, auf dem sie sich rhythmisch und unter lautem Stöhnen bewegte. Braun hatte das Gefühl zu platzen, seine Augen stierten auf den Monitor, seine Hände rieben schnell über seinen Schwanz. Als der Mann auf dem Bildschirm sein Becken bewegte, tat er es ihm nach und explodierte. Stöhnend ergoss er sich; diesmal hatte er vorsorglich ein Handtuch auf den Hotelteppich gelegt, auf das sein Samen spritzte.

Als er endlich fertig war, sank er auf das Bett zurück und schloss die Augen. Die Gestalten auf dem Bildschirm keuchten und stöhnten weiter, doch er hörte nicht mehr zu, sondern schlummerte sofort ein.

Eine Stunde später wachte er auf, der Bildschirm war dunkel, und Braun wusste zuerst nicht, wo er sich befand. Dann fiel es ihm ein; er setzte sich auf und sah auf das Handtuch, nahm es und brachte es in das Bad, wo er eine heiße Dusche nahm. Er war noch immer angenehm müde. Nackt, wie er war, jedoch gesäubert, legte er sich wieder auf das Bett.

***

Am nächsten Morgen reiste er nach dem Frühstück ab. Seine nächste Tour führte ihn nach Hamburg, wo er Termine mit drei Großkunden hatte. Ihnen würde er die neuesten Produkte zeigen und hoffte, mit Aufträgen zu seiner Firma zurückzukehren. Während der Fahrt mit dem Dienstwagen dachte er über den vergangenen Abend nach. Diese Einschlafmethode gefiel ihm, hatte er doch schon seit Jahren Probleme damit. Sein Kollege Dietz machte es richtig, er schien sich in fast jeder Stadt eine Freundin zu halten, mit der er es treiben konnte. Für Braun war es kein Wunder, dass die Frauen auf Dietz flogen: Der Mann war groß, braun gebrannt und hielt sich regelmäßig durch Laufen oder Fitnesstraining fit. Ob der auch mal so angefangen hatte wie er selbst, Pornos zu gucken und es sich selbst zu machen?

Auf Dauer war es wohl unbefriedigend, doch woher sollte er, Braun, eine willige Frau nehmen, die genau das mit ihm tat wie die Masseusen? Er war kein Adonis, verfügte nicht über Charisma und wusste fast nichts über Frauen. Darüber grübelte er noch immer nach, als er bei dem Hotel einbog, das ein Zimmer für ihn hatte. Er parkte den Wagen, schloss ihn ab und begab sich mit seinem Gepäck zur Rezeption, wo er den Schlüssel erhielt. Er war schon öfter hier gewesen und kannte sich aus. Der Aufzug brachte ihn in die fünfte Etage, er schloss auf und warf seine Sachen auf das Bett. Zum Abendessen würde er das Restaurant nebenan besuchen, dort gab es guten Wein und vor allem Frauen. Instinktiv blickte er in den Spiegel des Badezimmers, kämmte sein Haar, rasierte sich nochmals und verwendete ausreichend Rasierwasser. Seine Kleidung war nur leicht zerknittert.

Braun schlenderte in der Stadt herum, beobachtete die jungen Frauen, die mit wippenden Röcken und Brüsten vor ihm die Straße überquerten. Als es Zeit zum Abendessen war, kehrte er zum Hotel zurück und ging in das Restaurant, das gleich nebenan war.

Laute Musik empfing ihn. Er bahnte sich einen Weg zwischen einer Gruppe hindurch und ergatterte den letzten freien Platz am Tresen. Die Tische waren alle besetzt. Nach einem

Blick auf die Speisekarte bestellte er einen Toast Hawaii sowie einen Bourbon. In dem Spiegel hinter den Flaschen konnte er seine unmittelbaren Nachbarn sehen. Rechts von ihm stand ein junger Mann mit seiner Freundin, sie unterhielten sich angeregt und aufgrund der Musik mit ziemlicher Lautstärke. Links von ihm saßen drei Frauen über Eck, sie hatten Cocktailgläser und Snacks vor sich stehen. Die Frauen steckten die Köpfe zusammen, trotzdem mussten sie ihre Stimmen erheben, um einigermaßen verständlich zu sein. Braun konnte hören, wie die eine zur anderen sagte: »Mädels, ich hab schon so lange keinen mehr gehabt!« Worauf diese antwortete: »Glaub mir, da fehlt dir nichts.« Lautes Gelächter, dann redeten sie weiter. Braun war neugierig, wovon redeten die Frauen? Die Dritte meinte: »Also, wenn mein Süßer es nicht bringt, dann helfe ich eben nach.«

»Wie denn?« Unisono.

»Na, selbst ist die Frau!«

Einige Ahs und Ohs folgten. Allmählich konnte Braun sich zusammenreimen, worum es ging. Er musterte die Frauen genauer.

Seine direkte Nachbarin war blond à la Monroe, tatsächlich mit einem kleinen Schönheitsfleck. Sie trug ein tiefausgeschnittenes Kleid, das ihre Brüste sehr vorteilhaft betonte. Braun wollte nicht auffallen und versagte es sich vorerst, sich zurückzulehnen, um ihre Figur zu begutachten. Deren Nachbarin hatte flammend rote Haare, streng zurückgekämmt und zu einem Knoten geschlungen. Ihr Gesicht war herzförmig mit dunklen Augen, ein interessanter Kontrast. Auch sie war mit schönen Brüsten gesegnet, jedoch ohne Dekolleté konnte Braun nur über ihre Rundungen eine Aussage machen. Ihre Freundin – er nahm an, dass sie alle befreundet waren – stand über das Eck des Tresens und war für ihn nur im Profil sichtbar. Sie war brünett, ihre Haare waren zu einem Bob geschnitten und ihre Brüste lagen auf dem Tresen auf. Braun mochte Frauen mit großen Brüsten, weshalb sein Blick etwas länger auf der Dame verweilte. Ihr Profil war klassisch mit einer spitzen Nase. Alle drei schienen etwa im gleichen Alter zu sein, nur wenig jünger als er selbst.

Sein Toast kam knusprig braun, so wie er es mochte. Mit einem plötzlichen Heißhunger machte er sich über sein Essen her.

Genüsslich tupfte er sich mit der Serviette den Mund ab und schob den Teller von sich. Sein Getränk war leer, er bestellte neu und bemerkte, dass seine drei Nachbarinnen ebenfalls leere Gläser vor sich stehen hatten. Zu dem Barkeeper sagte er deshalb: »Für uns vier noch mal dasselbe.« Die Frauen sahen ihn erstaunt an und tuschelten miteinander. Als die Getränke kamen, hoben sie ihre Gläser, lächelten ihn freundlich an und bedankten sich. Braun war zufrieden mit sich. Immerhin hatte er es geschafft, dass gleich drei Damen ihn anlächelten. Er hob sein Glas und nickte ihnen freundlich zu. Die Blonde neben ihm – er nannte sie im Stillen Marilyn – lehnte sich zu ihm hinüber und sagte leise: »Woher kommen Sie denn?« Braun erklärte ihr, dass er nur auf der Durchreise sei und hier ein paar Geschäfte zu erledigen habe. Die Frauen nickten sich verständig zu. Braun dachte, vielleicht ginge es ihnen genauso und fragte sie, was sie so machten. Doch alle drei antworteten ausweichend, was er verstehen konnte, schließlich war er ein Fremder.

Sie unterhielten sich über die Stadt Hamburg, gaben ihm Tipps, was er sich noch alles ansehen könne und kicherten, als er einen Scherz machte. Er lud insgesamt noch zu drei Runden ein, der Alkoholpegel stieg und die Frauen kicherten immer lauter. Zum Schluss, als Braun sich entschied, in sein Hotelzimmer zurückzukehren, boten sie ihm kichernd ihre Begleitung an.

»Damit du unterwegs nicht verloren gehst, Süßer.«

Süßer? Das hatte noch nie eine Frau zu ihm gesagt. Braun war angenehm überrascht und ging mit den drei Damen im Schlepptau zu seinem Hotel nebenan. Kichernd fassten sie ihn unter und begleiteten ihn bis zu seinem Zimmer. Braun dachte, es wäre sicher unhöflich, sie nicht noch zu einem Umtrunk aus der Minibar einzuladen und ließ sie ein. Sie tänzelten vor ihm her, belegten Bett und Stühle und meinten: »Das ist aber süß von dir, dass du uns noch einlädst!« Er beeilte sich, die Minibar zu plündern, goss jeder etwas zu Trinken ein und freute sich, dass diese Frauen seine Gesellschaft so anregend fanden, dass sie sogar mit in sein Zimmer gekommen waren. Er sprach einen Toast aus, leicht schwankend, und kippte den Martini runter wie Wasser. Wenn er ehrlich war, dann musste er sich eine leichte Nervosität eingestehen. Vor allem deshalb, weil Marilyn sich jetzt erhob, auf ihn zukam und verführerisch flüsterte: »Du bist wirklich süß ...« Sie legte ihre Hände auf seine Schulter und küsste ihn.

Braun war elektrisiert. Diese Frau hatte ihn geküsst, was er nie für möglich gehalten hätte! Ihre Augen funkelten, als sie seine Beule in der Hose bemerkte. Mit einem Finger strich sie darüber, und die Beule wuchs. Braun war wie gelähmt. Marilyn zog die Träger ihres Kleides nach unten, ihre Brüste sprangen heraus und baumelten vor seiner Nase. Während er von ihren roten Brustwarzen hypnotisiert war und erregt darauf stierte, nestelte sie an seiner Hose herum und packte seinen harten Schwanz aus. Die anderen Frauen – Braun hatte sie für sich Red und Brünett getauft, er hatte ihre Namen noch immer nicht erfahren – erhoben sich ebenfalls und zogen sich aus, während sie mit verführerisch schwingenden Hüften näher kamen. Sie streiften ihm die Kleidung ab und drängten ihn auf das breite Bett. Brown wusste nicht, wie ihm geschah. Er ließ alles mit sich machen, stierte auf ihre Titten und traute sich erst nach einer Weile, die baumelnden Brüste von Red anzufassen. Sie lachte kehlig auf.

Marilyn bedeutete ihm, sich hinzulegen. Aus ihrer Handtasche holte sie ein kleines Fläschchen Öl und erklärte: »Süßer, wir werden dir Freuden bereiten, von denen du nur geträumt hast.« Die anderen Frauen lächelten verständnisinnig. Brown war erregt, seine Latte stand von ihm ab. Marilyn träufelte etwas Öl darauf, dann nahm sie sie fachkundig zwischen ihre Hände, rieb sie und massierte gleichzeitig seine Hoden. Red nahm das Öl, goss sich etwas davon auf ihre Hand und verteilte es auf seine Schultern und Brust. Auch Brünett träufelte Öl auf seinen Körper, jedoch auf seine Oberschenkel. Alle drei Frauen massierten und kneteten ihn, sodass ihm zugleich eine entspannende Wärme durch den Körper floss als auch die wachsende Erregung, die Marilyn mit ihrer gekonnten Massage seines harten Schwengels hervorrief. Er keuchte immer lauter, wollte seine Hüften bewegen, doch Red legte ihm ihren Zeigefinger auf den Mund und flüsterte: »Sshhhh, nicht bewegen, lass uns nur machen …«

Braun schloss die Augen. Er gab sich völlig den Gefühlen hin, die die Frauen in ihm verursachten und steigerten. Etwas Scham, weil er kein schöner Mann war. Erregung darüber, dass nicht nur eine, sondern gleich drei attraktive und offensichtlich geile Frauen etwas in ihm sehen mussten, das andere nicht sahen. Warum sonst wären sie mit auf sein Zimmer gekommen? Entspannung in den Schultern, die Red massierte, und in den Muskeln seiner Beine, die von Brünett geknetet wurden. Wobei sie sich allmählich nach oben zu seinen Hoden vorarbeitete, denn sie streifte über die empfindliche Innenseite seiner Oberschenkel. Doch was Marilyn mit ihm anstellte, war unglaublich. Selbst an dem Abend, als er den

Porno angesehen hatte, war er nicht so geil gewesen wie jetzt. Marilyn bearbeitete seinen Schwanz, als ob sie nie etwas anderes gemacht hätte. Sie strich mit beiden Händen darüber, verrieb die Tropfen oben auf seiner Spitze, wichste ihn mal schnell, mal langsam und Braun hatte das Gefühl, gleich kommen zu müssen. Doch jedes Mal, wenn er dachte, jetzt ist es soweit, wurden ihre Berührungen ganz leicht und zart, sodass er nicht explodieren konnte. Irgendwann hatte er den Eindruck, ewig so weitermachen zu können.

***

Er war nun von oben bis unten mit Öl eingerieben und durchgeknetet. Die Frauen ließen von ihm ab. Braun öffnete die Augen, weil er leicht in Panik geriet. War es etwa schon vorbei? Würden sie ihn mit dieser gigantischen Latte einfach liegen lassen? Mit aufgerissenen Augen verfolgte er, wie Brünett ihr Bein über seine Hüften schwang. Sie lächelte ihn an, nahm seinen Penis und führte ihn in sich ein, spießte sich darauf auf, bis er ganz in ihr war. Ihre heiße Enge umfing ihn, ein unglaubliches Gefühl für ihn. Braun wusste nicht, was er tun sollte; durfte er jetzt sein Becken bewegen? Die Frau auf ihm lächelte lasziv, sie rotierte leicht mit den Hüften, was ihm ein Stöhnen entlockte.

Neben seinem Kopf stand Marilyn und sah ihn verführerisch an. Sie schwang ihr Bein über ihn, kniete nun beidseits seines Kopfes und ließ sich auf sein Gesicht nieder. Ihre Möse schwebte über seinen Lippen, er konnte zwischen ihren Schamlippen die Nässe glitzern sehen und ihren Duft riechen. Er packte mit beiden Händen ihre Pobacken, zog sie auf sein Gesicht nieder und leckte mit seiner Zunge in sie hinein. Marilyn quietschte auf, sie drängte sich auf seinen Mund, dass er fast keine Luft mehr bekam, doch sie roch so geil und schmeckte gut, dass er nicht aufhören konnte, sie zu lecken.

Er nahm eine Bewegung neben sich wahr, es musste Red sein, die sich neben ihn gelegt hatte und sie alle drei vermutlich beobachtete. Brünett bewegte sich auf seinem Stängel, auf und ab hob sie sich, ließ ihn in sich hinein- und wieder hinausgeleiten. Er hörte sie keuchen. Ihre Hände streichelten seine Hoden, massierten sie; Braun glaubte, dass seine Eier noch mehr anschwollen unter ihrer Berührung. Marilyn stöhnte immer lauter, sie rotierte mit ihrem Becken, rieb sich auf seinem Gesicht, aus ihrer Möse troff die Nässe, die er selig trank. Er leckte über ihre Schamlippen, reizte mit seiner Zunge ihre Perle und stieß sie immer wieder so tief wie möglich in sie. Das alles hatte er früher in einem Porno gesehen, wofür er nun dankbar war, weil er diese Kenntnisse hier praktisch anwenden konnte.

Marilyn hüpfte immer heftiger auf seinem Gesicht herum, sie keuchte, stöhnte und begann zu zucken, als sie kam. Sie rieb ihre Schamlippen noch ein paar Mal auf seinem Gesicht, dann erschlaffte sie leicht. Braun wusste nicht, ob er jetzt aufhören sollte zu lecken, deshalb machte er erst mal weiter. Aber Marilyn stieg von ihm runter, auf die Seite, wo er Red vermutet hatte. Sie legte sich neben ihn und lächelte ihn dankbar an, wie ihm schien. Er lächelte zurück, sein Gesicht war feucht von ihr, er wischte mit seinen Händen darüber. Sein Schwanz schien irgendwann zu bersten, Braun war geil, all seine Sinne konzentrierten sich auf seine Körpermitte. Brünett stöhnte inzwischen. Sie hatte die Augen geschlossen, bewegte sich in gleichmäßigem Rhythmus auf ihm, ihr Atem ging schwer. Ihre Brüste schienen geschwollen, sie kamen Braun noch größer vor als zuvor. Ihre Nippel leuchteten hypnotisch, sie schwangen hin und her, er fasste sie an, rieb darüber und zog leicht an ihnen – Brünett schien es zu gefallen, sie stöhnte lauter und bewegte sich schneller. Mit einer Hand fasste sie zwischen ihre Beine, rieb sich dort, warf den Kopf zurück und wimmerte.

Braun keuchte laut, wenn sie so weitermachte, würde er sofort explodieren. Doch in diesem Moment begann sie zu zucken, sie spreizte weit ihre Beine und verdrehte die Augen. Ihr Stöhnen klang tief und urwüchsig. Noch immer rieb sie ihre Klit, doch sie hielt still und Braun spürte ihre Muskelkontraktionen, die allmählich verebbten.

Er war hart und heiß. Diese Frau auf ihm war gekommen, nur seine Latte war noch immer unbefriedigt. Als Brünett sich von ihm erhob, kam sie rot glänzend von ihrem Saft zum Vorschein. Hilfesuchend sah er sich um.

Red hatte gewartet, sich während des Schauspiels vor ihren Augen gewichst. Ihr Gesichtsausdruck war erwartungsvoll, als sie sich erhob und näher kam. Gierig sah sie auf seinen harten Ständer. Ihr Blick wanderte zu seinem Gesicht, sie lächelte ihn an.

»Wenn ich will, dass du länger durchhältst, dann brauchst du eine Pause,« konstatierte sie mit kehliger Stimme. Ihre Nippel leuchteten rot und hart, ihre Brüste waren vor Erregung geschwollen.

»Wie lange willst du warten?«, fragte Braun sie heiser.

»Ich weiß nicht,« lächelte sie kokett. Ihr Fingernagel kratzte leicht über seine Brust; Braun keuchte. Er wollte endlich kommen, explodieren, platzen, was auch immer. Aber diese Lust, diese Geilheit wurde fast unerträglich. Red strich über seine Haut, glitt mit ihren Händen zu seinen Schultern, leicht knetete sie ihn, was ihn seltsamerweise entspannte. Er starrte in ihr Gesicht, in ihre Augen, die vor Lust glitzerten. Wenn es ihr genauso ging wie ihm, wie hielt sie das dann aus? Er berührte ihre Brüste, die vor seiner Nase schwangen. Red sog scharf die Luft ein. Seine Finger zwirbelten ihre Nippel, und Red keuchte. Doch sie hörte nicht auf, ihn zu massieren, seine Muskeln einzeln zu kneten, bis sie fast schmerzten. Über empfindlichere Partien strich sie nur leicht drüber, doch wo sie konnte, packte sie kräftig zu. Braun fragte sich, wo sie das gelernt hatte. Er schloss die Augen, gab sich ihren Berührungen hin. Red knetete seine Oberarme, bis sie sich seltsam schwer anfühlten. Seine Latte übersprang sie, stattdessen widmete sie sich erneut seinen Beinen, strich über seine Muskeln, massierte sie, bis sie unten bei seinen Zehen angekommen war. Marilyn und Brünett sahen ihr fasziniert zu, beobachteten seine Reaktionen. Braun wurde schwer, seine Muskeln waren entspannt und sein Stab stand auf halbmast. Das änderte sich, als Red sich wieder hocharbeitete, leicht über die Innenseite seiner Schenkel strich, sich seinen Hoden näherte. Sanft nahm sie sie in die Hand, rieb sie zart, strich über seinen Damm – und sofort war seine Latte wieder da. Braun spürte die Erregung bis in die Haarspitzen, seine Pobacken zogen sich zusammen. Er wollte, dass sie seinen Schwengel berührte, ihn endlich auch massierte, doch sie ließ sich Zeit. Jede Berührung von ihr sandte elektrische Signale durch seinen Körper, er war hochempfindlich geworden und sehnte sich nach Erlösung.

Als sie von ihm abließ, riss er wieder die Augen auf und stellte beruhigt fest, dass sie sich genauso wie Brünett auf ihn setzen wollte. Auch sie schwang ein Bein über seinen Körper, doch sie führte seinen Stab noch nicht ein. Stattdessen rieb sie sanft ihre feuchte Möse auf ihm – er stöhnte sehnsuchtsvoll. Sein Schwengel zuckte erwartungsvoll, und Red lachte.

Endlich, endlich nahm sie ihn zärtlich, spießte sich auf ihn und Braun fühlte sich sofort wohl in ihr. Sie war genauso heiß und eng wie Brünett, vielleicht sogar enger, denn die Reibung in ihr war intensiv und noch erregender. Oder kam es ihm nur so vor?

Red beobachtete ihn mit halb geschlossenen Augen, registrierte jede seiner Reaktionen. Als er selig die Augen schloss, lächelte sie. Als er seine Hüften bewegte, verharrte sie in ihrer Bewegung, damit er sie stoßen konnte. Und wie er sie stieß! Schnell, hart pflügte er in sie – doch Red wusste, dass sie es ihm nicht lange erlauben durfte, sonst würde er vor ihr explodieren. Deshalb ließ sie sich auf ihn sinken, hielt ihn mit ihrem Becken fest und grinste ihn an, als er sie leicht empört ansah.

»Langsam, mein Brauner. Wir wollen doch nicht zu schnell am Ziel sein, oder?«

Braun wollte aber. Es fiel ihm unendlich schwer, sich zu bezähmen und ihr die Führung zu überlassen. Wenn sie ohne Bewegung auf ihm saß, spürte er ihre Scheidenmuskeln, die sich zusammenzogen. Dann wieder bewegte sie sich auf ihm, schaukelte fast ein bisschen. Ihre Lippen waren halb geöffnet, sinnlich blickte sie ihn an, während sie allmählich schneller wurde. Brauns Blicke sogen sich an ihren schwingenden Titten fest. Er liebte diesen Anblick, dafür würde er sich von ihr zureiten lassen. Sein Schwanz schien noch immer zu wachsen, seine Eier schwollen wieder an, die Reibung in Red wurde fast unerträglich. Sie hüpfte auf ihm auf und ab, stöhnte, hielt die Augen geschlossen. Ihre Brüste wippten so wunderbar, dass es Braun schwindelig wurde. Er würde gleich kommen, er spürte es, wollte es, begehrte es und konnte nicht mehr an sich halten. Red zuckte, ihr Mund öffnete sich, sie stöhnte laut, während Braun seine Lust fast hinaus brüllte. Er explodierte, sah für einen Moment nichts mehr und schwebte. Alles in ihm zog sich zusammen, bis er fertig war und sich in Red tief hinein ergossen hatte.

Erschöpft sank er tiefer in das Bett. Er schloss die Augen, weil er sich benommen fühlte. Red stieg von ihm, ließ sich neben ihre Freundinnen fallen, die trotz des Schauspiels neben ihnen fast weggedämmert waren. Braun hörte nur noch ein leises Wispern, bevor er einschlief.

***

Als er nach ein paar Stunden erwachte, drang die Morgendämmerung durch die schmalen Ritzen des Verdunkelungsvorhanges. Wie so oft wusste Braun zunächst nicht, wo er war; die vielen Übernachtungen in fremden Hotelzimmern verwirrten ihn jeden Morgen. Als er sich umblickte, fiel ihm der Vorabend ein. Er hatte drei Frauen mitgenommen, die mit ihm Dinge anstellten, die er nie zu träumen gewagt hatte. Doch jetzt war er alleine, hatte er das alles nur geträumt? Die Luft im Zimmer roch abgestanden, nur ein leichter Parfümhauch war noch zu erschnuppern. Braun setzte sich auf, sah auf die zerwühlten Laken neben ihm, die vier leeren Gläser auf dem Tisch und wusste, dass es kein Traum gewesen war. Außerdem war sein bester Freund völlig schlaff und machte keine Anstalten, sich zu einer morgendlichen Latte zu erheben. Braun sah auf die Uhr, es war noch früh, aber er würde trotzdem aufstehen und duschen. Er war voller Energie, hatte wunderbar geschlafen und nahm sich vor, jeden Abend eine Frau aufzureißen, egal wie.

Er würde auschecken, seine Sachen im Auto verstauen und dann die Kunden besuchen.

***

Etwa zwei Stunden später stand er mit seinem Gepäck vor der Rezeption. Er musste sein Zimmer noch bezahlen, legte den Schlüssel auf den Tresen und verlangte die Rechnung. Er tastete nach seinem Portemonnaie, normalerweise befand es sich in einer bestimmten Seitentasche seines Koffers, doch dort war es nicht. Er durchsuchte seine Jackentasche, schließlich war er am Vorabend ausgegangen – doch auch dort fand er es nicht. Leichte Panik stieg in ihm hoch. Und während er hektisch sein Gepäck durchwühlte, musste er feststellen, dass seine Geilheit von gestern einen Preis hatte. Er war beraubt worden.

Der Freund

Meinen Freund Peter hatte ich während eines Geschäftsessens kennengelernt. Er war groß, mit dunklen Haaren, sehr attraktiv. Was für ein Mann, dachte ich damals. Wir saßen uns an dem Tisch im Restaurant schräg gegenüber, konnten uns also nicht unterhalten. Trotzdem warf er mir Blicke zu, die mich erröten und Schmetterlinge in meinem Bauch flattern ließen.

Er war einer der Geschäftsführer der Firma, mit der meine Vorgesetzten einen Deal aushandeln wollten. Ich fungierte dabei als Beraterin, was das Rechtliche betraf. Wir würden also am nächsten Tag intensiv miteinander zu tun haben, dann, wenn es an das Eingemachte ginge. Ich wusste nicht, ob ich mich darauf freuen oder beunruhigt sein sollte. Die Verhandlungen über den Deal waren bereits seit ein paar Wochen im Gange. Was am nächsten Tag noch besprochen wurde, war sozusagen das Tüpfelchen auf dem i. Doch es war keine Seltenheit, dass Männer versuchten, auf die eine oder andere Weise über eine attraktive Frau Einfluss auf ihre Geschäfte zu nehmen. Ich selbst hatte es bereits mehrfach erlebt, dass jemand aus einer anderen Firma versuchte, über mich an Geschäftsgeheimnisse zu kommen, konnte dies jedoch jedes Mal abblocken. Ich war eingefleischter Single, war mit meiner Arbeit verheiratet und wenn ich amouröse Abenteuer wollte, dann suchte ich mir diese garantiert nicht in der Geschäftswelt.

Aber dieser Mann war ein Prachtexemplar und meine Jagdinstinkte erwachten.

Nun soll die Jägerin, die ein Wild umgarnen will, dies möglichst unauffällig tun, damit erstens das Wild es nicht bemerkt und zweitens auch niemand anderes. Daher gab ich mich nach wie vor gelassen, ignorierte mein Wild und unterhielt mich angeregt mit meinem Nachbarn, behielt diesen Peter jedoch im Auge. Er tat das Gleiche, stellte ich fest und musste schmunzeln bei dem Gedanken, dass dieser Typ vermutlich so professionell war, dass er glaubte, die Rollen seien vertauscht. Nun gut, ich würde es ihm nicht leicht machen. In diesem Fall würde es Spaß machen, das Wild zu spielen.

***

Der nächste Tag fand uns in einem Besprechungsraum meiner Firma wieder. Wir debattierten über die rechtlichen Gegebenheiten des angestrebten Deals, waren dabei sachlich und nüchtern. Außer Peter und mir waren noch meine Vorgesetzten und seine Partner dabei. Einen Anwalt hatte er ebenfalls mitgebracht; ich war die einzige Frau in dem Raum, was ich stets durch eine Mischung aus Charme, Professionalität und Sachlichkeit zu kompensieren suchte. Meine Vorgesetzten, ihrerseits Geschäftsführer, schätzten mich und wussten um mein Können. Wer mich kennenlernte, schätzte mich zunächst oft falsch ein, was ihm meistens Nachteile verschaffte, weil er mich nicht ernst nahm. Doch dieser Peter hatte schnell kapiert, was sich hinter meinem attraktiven Äußeren verbarg: ein kühler Kopf mit messerscharfem Verstand. Ein Pluspunkt für ihn. Es war nicht einfach, während der Verhandlungen diesen kühlen Kopf zu bewahren, denn dieser Mann setzte ebenfalls seinen ganzen Charme auf subtile Weise ein, und die Schmetterlinge in mir waren äußerst unruhig.

Trotzdem kamen wir zu einer guten Einigung, und die Verträge sollten am nächsten Tag unterzeichnet werden. Peter zwinkerte mir tatsächlich mit einem charmanten Lächeln zu, als er mir die Hand gab und mir ein Kompliment über meine Verhandlungstaktik machte.

»Wenn die Verträge morgen unterzeichnet sind, darf ich Sie dann zu einem Drink einladen?«

Auch das sprach für ihn. Er versuchte nicht, noch vor dem Abschluss irgendetwas zu beeinflussen, und am liebsten hätte ich gefragt, warum nicht heute Abend schon? Doch ich wusste, was sich gehörte – als Wild drängte man sich nicht sofort vor die Flinte. Deshalb sah ich ihm ein paar Sekunden zu lange in die grauen Augen, als ob ich ihn abschätzen wollte, dann nickte ich knapp mit einem kleinen Lächeln und antwortete: »Ja.« Seine Hand war groß und warm, ich hätte mich am liebsten hinein geschmiegt, doch auch hier machte ich eine kleine Bewegung und ließ sie los.

»Dann auf morgen.« Ich wandte mich ab und konnte mir ein verstohlenes Grinsen nicht verkneifen.

***

Die Verträge waren unterzeichnet, die Geschäftsführer nahmen zur Feier einen kleinen Umtrunk. Selbst ich war eingeladen, freute mich mit ihnen über den guten Deal und beobachtete verstohlen Peter, der sich mit seinem Partner unterhielt. Als er mich entdeckte, kam er lächelnd auf mich zu.

»Sie erinnern sich an unsere Verabredung?«, fragte er.

»Aber ja. Ein Drink«, antwortete ich trocken.

»Da ich mich in der Stadt nicht auskenne, wollte ich Sie fragen, ob Sie mir nicht eine kleine Führung gewähren würden, an deren Ende wir diesen einen Drink …« – dabei schmunzelte er – »zu uns nehmen, in einer Location Ihrer Wahl?«

Eine Führung, soso. Er war geschickt, was ich ihm ebenfalls positiv anrechnete. Hoffentlich war er das auch im Bett. Mein Innerstes zog sich seit den letzten Tagen ständig sehnsuchtsvoll zusammen und zwischen meinen Schenkeln prickelte es, weil ich nur noch daran denken konnte, mit diesem Typ in die Kiste zu hüpfen. Ich hob die Augenbrauen.

»Was genau möchten Sie denn sehen?«

»Das, was Sie als interessant empfinden.«

Gute Antwort. Ich willigte ein, verabredete mit ihm eine Uhrzeit am späten Nachmittag und versprach ihm, ihn zu der Führung im Hotel abzuholen. Bis dahin hätte ich genug Zeit, mich frisch zu machen; allerdings würde ich zweckmäßige Kleidung tragen müssen, anstatt mich ordentlich aufzubrezeln. Was tat Frau nicht alles, um das Wild zu stellen!

***

In meinem Apartment hatte ich ausgiebig geduscht, mich sorgfältig geschminkt – eine Mischung aus Tages- und Abend-Make-up – und für die Führung ein elegantes, schlichtes Kleid gewählt, das mit einer dünnen, hochgeschlossenen Jacke sowie hohen Stiefeln vervollständigt wurde. Das Ensemble war teils zweckmäßig, teils sinnlich gehalten. Wenn wir in einer Bar waren, würde er meinen tiefen Ausschnitt mit Ausblick auf meine Brüste entdecken und sich insgeheim fragen, ob ich eigentlich einen BH trug. Das tat ich nicht, ich konnte es mir erlauben, ohne zu gehen, und glücklicherweise war der Stoff des Kleides fest genug, dass sich meine Nippel nicht abzeichneten. Aber das würde ich ihm keinesfalls beantworten, sondern selbst herausfinden lassen. Wenn er wollte.

Ich war pünktlich bei seinem Hotel, ließ ihn auf dem Zimmer anrufen und wartete im Foyer. Nur wenige Minuten später trat er aus dem Aufzug und kam lächelnd auf mich zu.

»Wunderbar. Ich freue mich auf die Führung. Die Stadt ist faszinierend, nach allem, was ich bisher gesehen habe.«

»Was haben Sie denn bisher gesehen? Damit ich Sie dort nicht mehr hinführe …«

Er zählte ein paar typische Touristenattraktionen auf, die ich innerlich von meiner Liste strich. Ich würde ihm also die verborgenen Sehenswürdigkeiten zeigen, die in keinem Reiseführer standen, jedoch zu Fuß gut erreichbar waren. Peter sah so verdammt gut aus, dass ich ihn am liebsten gefragt hätte, ob wir nicht auf sein Zimmer gehen wollten, damit er über mich herfallen könne – oder ich über ihn. Meine Brüste prickelten vor Erregung, doch ich bezähmte mich. Noch.

Wir unterhielten uns über Berufliches im Allgemeinen, keiner von uns erwähnte den Deal zwischen unseren Firmen, das verbot sich von selbst. Ich erläuterte die Besonderheit der Attraktionen sowie den geschichtlichen Hintergrund. Bei einer Statue erwähnte ich, dass es sich um einen meiner Vorfahren handelte, was sein Interesse weckte. Er wollte mehr wissen und dadurch kamen wir auf meinen familiären Hintergrund. Als wir endlich bei der gemütlichen Bar ankamen, in der er mich auf einen Drink einladen wollte, erzählte er mir gerade von sich.

»Ich bin geschieden, wir haben keine Kinder.«

Aha.

»Nun, dann sind Sie jetzt frei und ungebunden,« konstatierte ich.

»Ja. Wie sieht es bei Ihnen aus?«

»Genauso.«

Wir traten ein. Die Bar war keine gewöhnliche Kneipe. Die Decke war dunkelblau gestrichen mit kleinen Tupfen darin, was den Eindruck erweckte, unter einem Sternenhimmel zu sein. Der Holztresen war blank poliert; die Flaschen in den Regalen dahinter funkelten in dem Licht, das viele kleine

LED-Leuchten produzierten. Tische und Stühle bestanden aus dunklem Holz, Tischdecken und kleine Vasen trugen zu dem liebevollen Ambiente bei. Wir setzten uns an einen der hinteren Tische, die noch frei waren. Der Raum war bereits halb voll, das ›Starshine‹ war beliebt und man fand alle Altersklassen hier. Peter bestellte für uns beide Cocktails.

Sein dunkles Haar war leicht zerzaust durch den Wind und ließ ihn jungenhaft aussehen. Vor allem, weil seine Augen mich interessiert anfunkelten. Er fragte mich über mein Leben und meine Vorlieben aus, war erstaunt, dass ich keinen Partner hatte.

»Warum nicht? Sie sind attraktiv.«

»Es hat sich nie ergeben. Meine Zeit investiere ich in die Firma.« Eine kurze Antwort, die ich jedem Fragesteller gab. Meine amourösen Abenteuer erwähnte ich nie. Ich hatte meine Jacke ausgezogen und spürte seinen Blick auf meinen Brüsten, konnte seine Frage an seinen Augen ablesen. Ich grinste in mich hinein. Das Wild hatte den Köder in Augenschein genommen. Ich drückte ein wenig den Rücken durch, damit meine Brüste noch verlockender hervorstanden. Seine Augen weiteten sich ein wenig. Gut so.

Ich stellte ihm eine unverfängliche Frage, hörte jedoch nicht zu, als er antwortete. Sein Blick hing noch immer an meinem Dekolleté und wurde fast zu einem Stieren, als ich mich leicht vorbeugte.

»Peter?«

»Hm?«

»Geht es Ihnen gut?« Ich lächelte ihn an. Jetzt hob er den Blick wieder und wurde verlegen.

»Es geht mir ausgezeichnet in Ihrer Gesellschaft!«

»Ich muss jetzt leider gehen,« sagte ich bedauernd. »Ich muss morgen sehr früh aufstehen.«

Er sah mich enttäuscht an. Oh ja, er hatte den Köder geschluckt. Aber es war notwendig, ihn noch ein wenig auf Abstand zu halten, bevor die Falle zuging.

»Darf ich Sie nach Hause bringen?«

Ich stand auf. Sah unschlüssig nach draußen, wo es allmählich dunkel wurde, dann wieder zu ihm.

»Wenn Sie möchten?«

Er zahlte, dann hielt er mir galant die Tür auf. Ich wohnte nicht weit von hier entfernt, ein Fußmarsch von etwa zehn Minuten, und wir waren vor meiner Tür angekommen. Er war neben mir geschlendert, sein schlaksiger Gang hatte etwas Jugendliches an sich. Sollte ich ihn hereinbitten? Ich war nicht sicher. Eigentlich hieß es, es müssten wenigstens fünf Dates stattfinden, bis eine Frau in Sex einwilligte. Aber Peter hatte mir erzählt, dass er in zwei Tagen die Stadt wieder verlassen würde. Seine Firma befand sich eine Autostunde entfernt, er hatte in der Nähe eine Wohnung genommen, nachdem er und seine Frau sich getrennt hatten. Ich würde es drauf ankommen lassen müssen – gleich am ersten Abend über ihn herzufallen, war ungehörig.

Vor der Haustür verabschiedeten wir uns mit höflichen Floskeln wie »Es war ein schöner Tag mit Ihnen heute« und »Vielen Dank für die Einladung, auch mir hat es Spaß gemacht.« Er stand so dicht vor mir, dass ich seinen Geruch wahrnehmen konnte, und meine Brüste spannten wieder. Ich wollte, dass er mich berührte, und hätte für nichts garantieren können, wenn er mich in diesem Augenblick geküsst hätte. Aber er sah nur auf mich herab, fasste mich an den Armen und gab mir einen Kuss auf die Wange. Dann ging er. Ich sah ihm kurz hinterher, schloss jedoch die Tür auf, weil ich nicht riskieren wollte, dass er meinen verlangenden Blick bemerkte, und ging hinein. Innen lehnte ich mich kurz an die Tür, um mich zu beruhigen.

Er hatte nichts davon gesagt, dass er mich wiedersehen wolle. Hatte ich den Bogen überspannt, indem ich ihn nicht mit hinein genommen hatte? Doch was für einen Eindruck hätte er andernfalls von mir gewonnen – dass ich leicht zu haben sei? Nein, es war richtig gewesen, ihn nicht mitzunehmen. Wenn er wirkliches Interesse an mir hatte, würde er sich melden, ich war ja nicht aus der Welt, und er wusste jetzt, wo ich wohnte. Wenn nicht, dann war er es nicht wert.

***

Das sexuelle Verlangen nach diesem Mann brachte mich um den Schlaf. Seine grauen Augen, die mich gemustert hatten, sein Blick angesichts meines Dekolletés, seine gedankliche Abwesenheit während unserer Plauderei erregten mich. Seine Berührung zum Schluss und der leichte Kuss auf meine Wange brannten noch immer. Unruhig wälzte ich mich auf meinem Bett, meine Brustwarzen standen hart ab und ich spürte, dass ich feucht war zwischen den Beinen. Seufzend begann ich, mich dort zu berühren, wo ich mir seine Hände wünschte. Ich genoss die triefenden Schamlippen, verrieb die Feuchtigkeit und reizte meine Klit, bis sie hart geschwollen war. Zu gerne hätte ich jetzt einen harten Schwanz dort gehabt, der in mich pflügen würde und meine Sehnsucht stillen. Aber meine Finger genügten, um meine Kirsche zum Platzen und mich mit einem leisen Schrei über die Klippe zu bringen. Danach konnte ich einschlafen.

***

Am nächsten Tag war ich zwar nicht besonders ausgeruht, jedoch fit genug, um meine Arbeit wie immer effizient zu machen. Bei den kniffligen Fragen, die innerhalb der Firma immer wieder auftraten, vergaß ich Peter und konzentrierte mich. Um so überraschter war ich über seinen Anruf am späten Nachmittag. Seine tiefe Stimme rief sofort ein erregtes Prickeln in mir hervor. Zum Glück war ich gerade allein im Büro, sodass niemand meine errötenden Wangen sehen konnte, weil ich an die letzte Nacht dachte und daran, was ich mir mit ihm vorgestellt hatte.

»Ich bin noch in der Stadt und würde Sie gerne wiedersehen.« Er kam wirklich ohne Umschweife zur Sache, was ein erneutes Treffen betraf. Im ersten Moment wusste ich nicht, was ich antworten sollte. Diese Pause schien ihn unsicher zu machen.

»Ist es Ihnen nicht recht?«

»Doch, sicher, gerne,« stotterte ich. Dann fasste ich mich wieder und erklärte: »Ich bin nur noch mit dieser Sache hier beschäftigt und werde vielleicht noch eine Stunde dafür benötigen. Dann wäre ich frei.«

»Super! Ich würde Sie dieses Mal gerne zum Essen einladen …«

Oha. Ein Essen verlangte mehr Aufmerksamkeit auf mein Äußeres. Hätte ich noch Zeit, um in die Dusche zu gehen und mich sorgfältig vorzubereiten?

»Ich hole Sie um sieben Uhr von zu Hause ab, ja?«

Ich hätte. Und willigte ein. Wir beendeten das Gespräch, ich widmete mich wieder den Unterlagen, die vor mir lagen und konnte mich nicht mehr konzentrieren. Nach einer halben Stunde hatte ich die notwendigsten Punkte zusammengefasst und beschloss, dass ich ausnahmsweise früher nach Hause ging, bevor ich Fehler machte. Außerdem hätte ich dann mehr Zeit für mein Styling.

***

Die heiße Dusche brachte meine Lebensgeister wieder zurück. Diesmal wählte ich ein hochgeschlossenes Kleid mit hohem Beinschlitz und züchtigem Dekolleté, jedoch tiefem Rückenausschnitt. Dazu passende Schuhe und eine Hochsteckfrisur. Ich schminkte mich sorgfältig und war fertig, als es an der Tür klingelte. Schnell schnappte ich mein Abendtäschchen und öffnete. Sowohl Peter als auch ich lächelten uns an, er lud mich mit einer Handbewegung ein, ihm in das bereitstehende Auto zu folgen. Ich war gespannt, wohin er mich führen würde, da er sich ja in der Stadt nicht auskannte.

Das Restaurant, das wir dann betraten, kannte selbst ich noch nicht. Hohe Decken wölbten sich über die einzelnen Bereiche, die Tische waren mit blütenweißen Tischdecken gedeckt, die Gläser und das Besteck darauf funkelten. Es war gehoben und dennoch intim. Er hatte einen Tisch reserviert, was auch notwendig war, denn es gab ansonsten keinen freien Platz mehr. Auf meine Frage hin erklärte er, dass er dieses Restaurant vor zwei Abenden kennengelernt hätte, weil er mit seinem Geschäftspartner, der sich ein wenig auskannte, hier gewesen sei. Ich nickte anerkennend.

Wir bestellten Fisch und Wein, davor eine Suppe und Salat. Die Portionen waren glücklicherweise klein und gut zu schaffen – ich achtete sehr auf meine Figur. Wir plauderten über den vergangenen Tag, er erzählte, was er sich noch angesehen und sich außerdem noch eine Massage gegönnt hätte.

»Eine Massage?« Ich hob die Augenbrauen. So hatte ich ihn nicht eingeschätzt, doch ich konnte mir gut vorstellen, dass es ein Vergnügen sein musste, ihn zu massieren.

»Eine Massage. Ziemlich speziell, muss ich sagen, doch unglaublich entspannend.«

»Inwiefern speziell?«, wollte ich wissen.

Wir waren beim Dessert angekommen. Crème brulée, vorzüglich. Trotzdem löffelte ich nur die Hälfte davon, während ich seiner Schilderung lauschte. Er erklärte, dass nicht nur der Rücken massiert würde, sondern auch die Arme und Beine, sogar das Gesicht. Mit kleinen, kreisenden Bewegungen, sagte er, als ich die Stirn runzelte.

»Es war wunderbar,« schloss er. Dann widmete er sich seiner Creme.

Ich dachte nach. Ich hatte noch nie eine Massage in Anspruch genommen und konnte mir nicht vorstellen, auf welche Weise das zur Entspannung beitragen sollte. Es musste doch wehtun, den Körper durchgeknetet zu bekommen?

»Nun, wenn Muskeln hart und verspannt sind, kann es etwas schmerzen,« räumte er ein. »Aber sie werden gelockert, fühlen sich danach sehr weich an und entspannt.«

Ich gestand ihm, dass ich noch nie eine Massage hatte. Seine Augen glitzerten.

»Dann ist Ihnen bisher etwas entgangen. Sie müssen das unbedingt mal ausprobieren!«

Er löffelte sein Schälchen leer und stellte es auf den Tisch.

»Ich bin kein ausgebildeter Masseur, aber dennoch würde ich mir zutrauen, Ihnen eine Kostprobe davon zu geben.«

»Kostprobe?«

»Ja. Sie zu massieren.« Sein Blick war offen, seine Augen geweitet. War das sein Ernst? Wenn ich das zuließe, wüsste er sofort, was mit mir los war, wie geil ich auf ihn war. Ich zögerte.

»Sie können es sich ja überlegen,« zuckte er die Achseln, ließ mich jedoch nicht aus den Augen. »Ich bin morgen noch hier, weil ich ein paar Sachen erledigen muss. Abends jedoch hätte ich Zeit.«

Sollte ich das Angebot annehmen? Spontan entschied ich: »Gut, dann morgen Abend.«

Er freute sich sichtlich und hob sein Weinglas.

»Auf morgen Abend.«

Er brachte mich wieder nach Hause, erklärte auf meine Frage hin, was ich denn vorbereiten müsse, lediglich, er brächte alles mit. Er würde zu mir kommen, was mich ziemlich nervös machte. Natürlich war es sauber und aufgeräumt in meiner

Wohnung, dennoch … Ich besaß weder Designermöbel noch Antiquitäten; mein Zuhause war zweckmäßig und gemütlich zugleich eingerichtet. Ich verwarf den Gedanken daran, was er über meine Wohnung denken mochte, und plante vielmehr, wie ich es zeitlich rechtzeitig hinbekommen würde, zur vereinbarten Uhrzeit sowohl zu Hause als auch mit meiner Arbeit in der Firma fertig zu sein. Da lag noch immer diese Sache auf dem Tisch, die ich heute nicht fertig bekommen hatte. Außerdem würden weitere unangekündigte Fälle an mich herangetragen werden, wie jeden Freitag, weil die Leute es immer schafften, mir noch vor dem Wochenende zusätzliche Arbeit aufzuhalsen. Trotzdem würde ich nur das Notwendigste erledigen, dieses Mal. Da ich mit dieser Firma so gut wie verheiratet war und sehr viele Überstunden auf dem Konto hatte, konnte ich es mir erlauben, für ein Wochenende kürzerzutreten.

***

Ich eilte nach Hause und sprang in die Dusche. Danach frottierte ich mich gründlich ab und schlüpfte in Unterwäsche und einen Bademantel. Meine Haare föhnte ich sorgfältig, schminkte mich jedoch nicht und aß einen kleinen Salat. Peter würde in weniger als zwanzig Minuten hier aufkreuzen, ich war nervös. Ich hatte keine Ahnung, wie ich ihn verführen sollte, es war zu lange her, dass ich in so eine Situation gekommen war. Also musste ich es auf mich zukommen lassen – vielleicht war ich wirklich das Wild, das vom Jäger zur Strecke gebracht wurde, in diesem Fall von Peter?

Es klingelte an der Tür. Meine Haare hatte ich zwar geföhnt, jedoch etwas Feuchtigkeit darin gelassen, als ob ich gerade erst aus der Dusche kommen würde. Das sollte auch den Bademantel erklären. Er lächelte mich charmant an, begrüßte mich mit zwei Küsschen, die auf meiner Wange brannten, und kam herein. In seiner Hand trug er eine kleine Tüte, dessen Inhalt er auf meinem kleinen Tisch im Wohnzimmer auspackte. Er musterte kurz den flauschigen Teppich auf dem Boden und sagte: »Es wäre gut, wenn wir noch Tücher und Badetücher auf den Boden legen würden.«

Ich holte die Sachen und breitete sie aus. Gespannt, wie es nun weiterginge, stand ich da.

Er lächelte mich an. »Bitte, ziehen Sie den Bademantel aus und legen Sie sich auf den Bauch.« Na, soooo einfach würde ich es ihm nicht machen … Ich holte noch ein Badetuch aus dem Badezimmer, schlang es mir um die Hüften und kehrte zurück. Er hantierte mit den Flaschen herum, sein Jackett lag auf dem Sofa. Ich legte mich auf den Boden, den Kopf auf den Armen, und harrte der Dinge. Falls er sich wunderte, weil ich vor Aufregung wenig sagte, so machte er keine Bemerkung dazu. Ich hörte ihn im Raum hin und her gehen, ein leises Klicken, dann ertönte Musik. Dazu erklärte er: »Musik trägt ebenfalls zur Entspannung bei, wurde mir gesagt.«

»Mhm.«

Dann hörte ich Rascheln und spürte ihn neben mir knien. Er schob mir ein Kissen unter den Kopf und bat mich, meine Arme neben meinen Körper zu legen. Gleich würde ich seine großen, warmen Hände auf mir spüren. Doch das Erste, was ich spürte, war eine Flüssigkeit, die auf meine Haut tropfte.

»Das ist Massageöl, das ich heute besorgt habe,« sagte er leise. »Ich werde es in Ihre Haut einmassieren, auch dadurch werden Ihre Muskeln locker.«

Seine Hände … Ich zuckte fast zusammen, als sie sich auf meine Haut legten. Er verteilte das Öl über meinen Rücken, begann dann, meine Schultern zu kneten. Der Duft des Massageöles stieg in meine Nase; es war blumig, roch nach Frühling. Peter massierte meine Schultern, glitt dabei geschickt unter die Träger meines BHs. Dann ging er zu meinen Oberarmen über, massierte sie mit kreisenden, langsamen Bewegungen, arbeitete sich dabei bis zu meinen Fingerspitzen hinunter, das Gleiche tat er mit dem anderen Arm. Danach spürte ich ihn an meinen Beinen, die er ebenfalls mit Öl beträufelte, es verteilte und mit kräftigen, langsamen Bewegungen meine Muskeln lockerte.

Seine Berührungen, sein Streicheln, das Kneten und Massieren entspannte mich und weckte gleichzeitig meine Lust. Meine Haut schien zu brennen, trotzdem blieb ich ruhig liegen. Als er mit meinen Beinen fertig war, kehrte er zu meinem Oberkörper zurück und sagte leise: »Ich werde jetzt Ihren BH öffnen, um Ihren Rücken weiter zu massieren.« Er wartete meine Antwort nicht ab, sondern öffnete geschickt den Verschluss. Seine Hände waren sanft und energisch, sie strichen über meine Haut, massierten mich an den richtigen Stellen, und ich spürte, wie meine Muskeln lockerer wurden. Was zeigte, dass meine Bürotätigkeit sich auf meinen Rücken niederschlug. Ich seufzte wohlig.

»Gefällt es Ihnen?«

»Ja, sehr,« murmelte ich.

Er strich weiter über meinen Rücken und kam an meinem Hintern an, der von dem Badetuch verhüllt war. Darunter trug ich ein Höschen. Er schob seine Hände mit jeder Bewegung weiter unter das Badetuch, was ein wahnsinniges Kribbeln zwischen meinen Beinen auslöste. Wusste er, wie erotisch das war? Ich keuchte unwillkürlich.

Er deckte das Badetuch vollends auf, seine Hände verharrten kurz, dann schlüpften sie unter mein Höschen und cremten meine Pobacken komplett mit Öl ein. Seine Finger kneteten mein Fleisch ausführlich und zu diesem Zeitpunkt konnte ich nichts mehr denken. Ich war buchstäblich Wachs unter seinen Händen, spürte das Prickeln zwischen meinen Schenkeln und schloss die Augen. Meine Lust wuchs. Ich dachte daran, mich umzudrehen und ihn auf mich zu ziehen, aber noch konnte ich mich beherrschen.

Als ich komplett mit Öl auf meiner Rückseite bedeckt war, bat er mich, mein Gesicht massieren zu dürfen. Doch dazu musste ich mich umdrehen. Ich nahm das unter mir liegende Handtuch und hielt es fest, während ich mich auf den Rücken rollte. Dabei erhaschte ich seinen amüsierten Blick, weil ich mich so züchtig gab. Nun, wäre ich es tatsächlich, dann dürfte er mich nicht massieren, grinste ich in mich hinein. Was er mit Sicherheit wusste. Trotzdem war ich gespannt, wie er weiter vorgehen würde. Was mich betraf, war ich längst bereit, ihn in mich hinein zu ziehen, aber diese Massage tat mir wirklich gut.

Peter setzte sich an mein Kopfende, gab ein paar Tropfen Öl auf seine Hand und verrieb es zwischen den Handflächen. Dann setzte er sanft seine Fingerspitzen auf meine Stirn und die Wangen, machte kleine, kreisende Bewegungen damit und ich schloss begeistert die Augen. Entspannung für das Gesicht – wow! Er strich unter mein Kinn, über den Hals, dann fasste er unter meine Schultern und ließ dort seine kräftigen Finger auf meinen Muskeln spielen. Ich ließ meine Augen geschlossen, gab mich ganz dem Gefühl hin, das seine Hände in mir verursachten. Irgendwann nahm er sie von mir und rutschte zu meinen Beinen hinunter. Er stellte sie auf, lockerte meine Oberschenkel, knetete sie wieder durch. Ich seufzte.

Seine Hände strichen wieder nach oben, verharrten zwischen meinen Schenkeln, und ich hielt den Atem an. Sanft kreisten seine Finger auf meinen Oberschenkeln, stahlen sich immer weiter dazwischen. Meine Schamlippen prickelten, und alles, was seine Finger von meiner Möse trennte, war ein Stückchen Stoff. Ich öffnete ganz leicht meine Beine, was Peter richtig verstand, als er seine Hand dazwischen gleiten ließ.

Durch den leichten Stoff meines Unterhöschens rieb er sanft meine Schamlippen, die sowieso schon vor Lust prickelten. Jetzt aber troff meine Nässe, und der Stoff wurde dunkel von der Feuchtigkeit – was Peter keinesfalls entging. Mit glänzenden Augen betrachtete er mich, hielt meinen leicht fiebrigen Blick fest und zog langsam das Handtuch von meinem Oberkörper. Meine Brüste waren qualvoll geschwollen vor Erregung, meine Nippel standen hart auf und lockten diesen attraktiven, heißen Mann. Er beugte sich über sie, nahm sie zwischen seine Lippen, leckte an ihnen, während seine Hand sich zwischen meinen Beinen bewegte, den Stoff zur Seite schob und seine Finger sich in meine Nässe wühlten. Ich stöhnte auf, bog meinen Rücken durch, reckte mich ihm entgegen. Er ließ sich nicht beirren, quälte mich mit süßen Bissen, knabberte an meinem Fleisch, streifte mit seinen Lippen und einer Hand über Busen und Bauch. Er rieb meine Nippel mit dem Öl ein, das er noch an der Hand hatte. Was er gleichzeitig zwischen meinen Schenkeln anstellte, brachte mich zum Wimmern und Flehen.

»Bitte … komm zu mir …« Meine Stimme war heiser vor Lust. Er lächelte und schüttelte leicht den Kopf, sah mich jedoch sehr gierig an. Ich griff an seine Hose, weil ich endlich wissen wollte, wie viel Ständer sich darin befand. Nach allem, was ich ertasten konnte, war es ausreichend, um mich zu füllen, es mir endlich zu besorgen und meine geheimen Träume wahr werden zu lassen. Er schluckte schwer, als ich über seine Beule rieb, ließ es jedoch zu, dass ich sie auspackte. Ich hätte mich zu gerne über sie hergemacht, aber Peter raunte: »Nein … lass dich verwöhnen.«

Meine Hand sank wieder zurück, ich lag so still wie möglich, nur mein lauter werdendes Keuchen und Stöhnen erfüllte den Raum, während Peter mit seinen Händen auf meinem Körper spielte, als sei ich ein Instrument. Er streifte mein Höschen von mir, ich lag nackt vor ihm, glänzend vor Öl und leuchtend vor Lust. Meine Beine waren gespreizt, seine Hand arbeitete virtuos zwischen meinen Schenkeln. Ich spürte, wie er mich ausgiebig zunächst mit der flachen Hand rieb, immer wieder, bis ich wimmerte. Dann nahm er meine Schamlippen zwischen zwei Finger, knetete sie, bis sie komplett geschwollen waren. Meine Kirsche wartete bereits auf ihn; eine Berührung nur, dachte ich, und ich explodiere. Doch er vermied sie, streichelte geschickt drumherum, massierte meinen Damm, ließ einen Finger in mich hinein schlüpfen, dann zog er ihn wieder hinaus und verteilte die Feuchtigkeit auf mir. Seine andere Hand strich über meine Brüste, zwirbelte meine Nippel. Ich wand mich unter seinen Händen, keuchte und quietschte, ich glaubte, es nicht länger aushalten zu können, doch die ersehnte Erlösung wusste er hinauszuzögern, und ich fragte mich, wie er das schaffte. Seine Augen glänzten, seine Lust stand ihm ins Gesicht geschrieben, doch noch immer beherrschte er sich, bis ich ihn entschieden aufforderte, es mir endlich zu besorgen.

Da lachte er leise auf, zog seine Kleidung aus und präsentierte mir einen Stab, der heiß zu pulsieren schien. Peter kniete zwischen meine Schenkel, doch anstatt in mich einzutauchen, rieb er seinen Schaft an meinen Schamlippen – »um sie noch ein bisschen zu massieren,« grinste er – dabei fassten seine Hände unter meinen Hintern und massierten die Backen.

Ich war wie im Fieber, im Rausch. Keinesfalls fähig, noch zu denken, rieb ich mich an ihm, schlang meine Beine um seine Hüften, um ihn endlich in mich zu ziehen. Wie konnte er es nur so lange aushalten? Seine Spitze drang in mich ein. Es war ein erhebendes Gefühl, endlich, endlich würde er mich ficken, meine Lust löschen. Dann glitt sein langer Schaft in mich, ich nahm ihn auf, als ob ich ertrinken würde. Peter stützte sich mit den Ellbogen neben meinem Körper rechts und links ab, lag halb auf mir, wir sahen uns tief in die Augen. Er tauchte tief in mich ein und verharrte, während er mich küsste. Seine Lippen waren hungrig, seine Zunge erkundete meinen Mund, und unsere Körper begannen zu vibrieren, sich in einem Rhythmus zu bewegen. Sein Schwanz füllte mich tatsächlich komplett aus, er schob ihn vor und zurück, während ich meine Hüften bewegte und ihm entgegenkam. Die Reibung war unglaublich, und ich genoss es, dass Peter nun so gar nicht mehr beherrscht war. Er stützte sich auf seine Arme, um noch tiefer in mich zu dringen. Ich hob mein Becken, drängte mich ihm entgegen, und mit einem geilen Lächeln stieß er in mich, immer wieder, immer schneller. Wir keuchten beide, unsere Körper prallten bei jedem Stoß mit einem »Plopp« aneinander. Dann hob er meine Beine hoch, legte sie sich über seine Schultern. Die Wirkung war phänomenal. Dadurch wurde meine Möse noch enger, rieb ihn noch stärker und spürte seine Reibung noch intensiver. Wir sprachen kein Wort, sahen uns unentwegt in die Augen, sahen die Lust des anderen, unsere Körper bewegten sich im Einklang.

Peter ging dazu über, sich ganz aus mir zurückzuziehen, um nur mit seiner Spitze in mich zu tauchen. Er machte das immer wieder, beobachtete mein gieriges Gesicht, hörte mein Stöhnen und grinste breit. Er folterte mich wieder. Die Pausen zwischen seinen Stößen verursachten, dass meine Erregung sich steigerte. Peter hatte nach ein paar Minuten Erbarmen mit mir, weil ich wimmerte und flehte. Er lächelte und fragte, wie ich es denn gerne hätte. Nun, wenn wir schon im Wunschkonzert sind, dachte ich, dann bitte. Ich drehte mich um, ging auf alle viere und sagte nur drei Worte: »Schnell und hart.«

»Sehr wohl, Ma'am,« seine Stimme war heiser. Seine Hände krallten sich in meine Hüften, als er mich packte. Sein Schwanz eroberte meine triefende Möse, drang tief in mich ein, stieß mich. Sein Tempo wurde schneller, auch er keuchte jetzt laut. Ich gab ihm Widerstand, stöhnte, quietschte, feuerte ihn an und rotierte mit dem Becken. Meine Schamlippen brannten, alles in mir sehnte sich nach der Erlösung, als ich tief hinten meinen Höhepunkt spürte, der an die Oberfläche wollte. Das war der Moment, in dem ich innehielt, mich von Peter ficken ließ und es ausgiebig genoss, wie sich dieses schwere Gefühl in meinem Unterleib ausbreitete, bis es platzte wie ein Wasserballon, dessen Inhalt mich mit einem Schrei gewaltig überrollte und fortspülte. Ich hörte, wie Peter aufstöhnte und spürte etwas Warmes in mir, als er sich ergoss. Meine Arme und Beine zitterten, als ich ihm noch standhielt, dann knickten meine Gliedmaßen ein und ich sank zu Boden, spürte Peters schweren Körper auf mir, wie er mich umhüllte.

Es dauerte einige Minuten, bis wir uns wieder regen konnten. Lächelnd flüsterte er mir Zärtlichkeiten ins Ohr, bis er sich von mir rollte und ich mich auf die Seite legen konnte, um ihn zu betrachten. Ich hatte schon sehr lange keine Beziehung mehr gehabt, aber dieser Mann hatte mich im wahrsten Sinn des Wortes erobert.

»Herr Masseur?«

»Ja bitte?«

»Sie sind engagiert.«

»Yes, Ma'am!«